$=$ LA PRATIQUE DU $=$

CROSS-COUNTRY AÉRIEN

EN PLEIN CIEL

PAR LE LIEUTENANT GOUIN

Ingénieur diplômé de l'Ecole supérieure d'aéronautique

LIBRAIRIE AÉRONAUTIQUE

40, RUE DE SEINE ○ PARIS (VI^E)

La Pratique du Cross-Country aérien

EN PLEIN CIEL

EN PLEIN CIEL

PAR

M. GOUIN

Lieutenant Aviateur de Cavalerie
Ingénieur diplômé
de l'Ecole Supérieure d'Aéronautique

LIBRAIRIE AÉRONAUTIQUE
40, RUE DE SEINE
PARIS

LA PRATIQUE DU CROSS-COUNTRY AÉRIEN

EN PLEIN CIEL

PRÉFACE

Cette étude essentiellement pratique a un but : *orienter nos camarades brevetés de l'Aéro-Club dans leurs débuts à travers la campagne !*

Nous avons été particulièrement ému en apprenant la mort de certains de nos camarades civils ou militaires, mort due à leur ignorance presque complète du nouveau problème, de la nouvelle question qu'ils s'étaient posée, ou que l'autorité (militaire ou civile) leur avait posée.

Exemple. — Breveté de l'Aéro-Club un aviateur militaire d'Étampes suit en général le chemin de fer et va à Orléans au-dessus de la Beauce. Il y va le plus souvent sans carte, il est quelquefois un peu secoué : du coup il ne doute plus de rien.

Il se croit inchavirable, il se croit un vieux navigateur.

C'est cette mentalité qui le met en danger.

Il passe son brevet militaire sans en avoir appris beaucoup plus.

A ce moment il reçoit l'ordre de faire un véritable voyage.

Il a tellement conscience alors de son inexpérience, mais alors seulement, que tout désemparé il fait l'aveu de son inquiétude à un de ses camarades.....

Puis il part pour l'Est.

Il avait beaucoup de raisons pour avoir un accident grave ; j'en citerai quelques-unes :

1º Vue nécessitant des verres pour voir convenablement ;

2º Aucune pratique de l'orientation, de la direction à travers la campagne ;

3º Aucune pratique de l'atterrissage en pays accidenté, sur de mauvais terrains ;

4º Il avait de jeunes mécaniciens ;

5º Il avait tort d'avoir confiance en eux.

Il savait, il est parti en brave, il est mort au champ d'honneur. Son sang ajouté à ceux de nos camarades tombés comme Lui a rénové la France, a rénové l'armée : Gloire à Eux !

Nous qui restons, nous qui savons, nous avons peur... pour nos nouveaux camarades.

En décembre 1910, à l'école Blériot, à Pau, Les *Quatre* : Lieutenant Princeteau, Lieutenant de Rose, Enseigne Conneau, Lieutenant de Malherbe passaient leur brevet de l'Aéro-Club, au titre militaire. Moi je passais le mien au titre civil. J'eus le chagrin de les laisser découvrir les premiers principes du cross-country, quand faisant du service à mon régiment j'attendais mon tour !

En mai 1911, je revins à Pau comme aviateur militaire, Princeteau chef d'École me dit ceci, à peu près : « Nous avons fait une rude école, nous avons fait sans aucune direction notre apprentissage à travers la campagne. De nombreuses fois nous avons failli y passer. *Je vous en supplie, écoutez-nous, écoutez nos conseils. Nous tenons à vous éviter les dangers que nous avons courus.*

A mon camarade du turf, à mon regretté professeur de cross-country aérien Princeteau je dois beaucoup de ce que l'on trouvera plus loin.

Les idées pratiques qui m'ont permis « de passer à travers » je les dois encore aux : capitaine Bellanger, capitaine Etevé, lieutenants Ménard, Yence, Chevreau, de

Malherbe, Conneau (dans l'ordre où j'ai reçu leurs conseils).

Je suis heureux de voir dans *Comment on forme un aviateur* (1), par le lieutenant aviateur Rémy, combien lui, pilote de biplan, pense comme nous, pilotes de monoplans et en particulier pour ce qui est relatif à la sensibilité de l'aviateur aux différentes actions de l'avion, par l'intermédiaire de *commandes réversibles*. Nous verrons plus loin combien il est nécessaire de *sentir* son aéroplane comme on *sent* son cheval.

À nos nouveaux camarades nous répétons les sages conseils de Princeteau :

Nous vous en supplions, écoutez-nous, écoutez nos conseils. Nous tenons à vous éviter les dangers que nous avons courus.

R. GOUIN.

Villacoublay, 10 *août* 1912.

---

(1) *Comment on forme un aviateur*, par le Lieutenant Rémy. Un vol. Librairie aéronautique. Prix, 2 francs.

CHAPITRE I

AVIATION

SPORT D'ABORD... SCIENCE ENSUITE

Il est triste de voir des ingénieurs, des savants avoir des idées ingénieuses certes, savantes, oh combien ! commettre l'erreur formidable de croire que leurs qualités sont d'abord requises pour faire de l'aviation et que l'aptitude sportive, l'entraînement sportif, passent au second plan.

L'aviation est un sport violent :

1º Au point de vue de l'équilibre ;

2º Au point de vue des directions, des décisions à prendre.

Nous verrons que la *seconde* en aviation devient quelquefois un temps où l'on doit : *éprouver un déséquilibre, en mesurer la grandeur, trouver la solution raisonnée, exécuter la manœuvre nécessaire.*

Il faut pour cela, être d'une *race vite* d'abord et avoir un *entraînement sportif* acquis pendant de longues années ensuite.

Le lieutenant Rémy, aviateur *du génie*, dit : les cavaliers paraissent être de tous les officiers ceux qui réussissent le plus vite dans l'aviation.

Nous sommes actuellement un joli lot de cavaliers dans l'aviation ; cavaliers ayant monté en courses, en concours, en cross-country. Tous nous trouvons une très grande analogie entre :

1º Notre Blériot par gros temps et un cheval rogneux ;

2° Entre les décisions à prendre, les manœuvres à exécuter rapidement : en course de chevaux d'une part, et en aéroplane aux départs et aux atterrissages d'autre part.

Echemann était un skieur, faisait de la voile et du cheval. Chacun de ces sports lui servait en aviation. De chacun d'eux il avait acquis les qualités que nous verrons plus loin.

Il nous le disait souvent.

D'autres, patineurs, joueurs de foot-ball ou rugby nous vantent la rapidité, l'adresse qu'ils y ont acquises et retrouvent tout cela dans notre élément.

L'aviation est donc avant tout un sport d'adresse demandant de la précision et de la rapidité : de réflexes, d'équilibre, de vue, de sensibilité, de raisonnement, de décision et d'exécution.

L'aviation est ensuite un métier. Le jockey, le gentleman rider au moment de monter en course selle son cheval lui-même. De même l'aviation exige de l'aviateur de tout voir par lui-même, de ne pas dépendre des mécaniciens.

L'aviation est enfin une science. Le navigateur marin connaît son bateau, ses machines, la géographie, la météorologie, les courants marins, les vents, etc...

De même l'aviation demandera à ceux qui s'y adonneront *de travailler et de se perfectionner toujours dans la science de la mécanique de l'appareil, de l'air, de la météorologie, de la géographie,* etc.

En résumé :

```
                                                    ( réflexes
                                                    (
                            ( précision )      ( sensibilité par les ( équilibre
          1° Un sport       (           ) de   (     sens de        ( vue
             d'adresse      ( rapidité  )      (                    ( ouïe
                                               (                    ( tact
L'aviation                                     (
   est                                         ( raisonnement
                                               ( décision
                                               ( exécution

          2° Un métier : mécanicien

                            ( de l'air
                            ( de la météorologie
          3° Une science   ( de la géographie
                            ( de la mécanique de l'avion monté.
```

CHAPITRE II

—

AVIATEUR

—

Pour donner idée de la difficulté qu'il y a à trouver le sujet susceptible de faire un aviateur, nous allons voir quelles sélections ont donné les officiers aviateurs de cavalerie actuels.

Avant la revision	Affectation des non réformés	Grades	Montant en course ou non	Pris aviat. sur leur demande ou non pris	Maintenus aviation ou non
tous les hommes français	infanterie artillerie				
	cavalerie	gradés et hommes de troupe	ne montant pas. 3.150		Maint... 15
		officiers		pris.... 30	élèves... 10
			mont. 350		réintégrés dans leur corps..... 5
				restés caval... 320	

Cela fait 6 sélections dans les hommes français. On a choisi :

1° les bons pour le service ;

2° les cavaliers ;

3° les officiers ;

Ceux-ci sont déjà des sportifs, parmi eux les seuls vraiment *allants* montent ou ont monté en courses ; reste donc :

4° les officiers montant en courses ;

5° 1 /12 de ceux-ci a été pris dans l'aviation (parmi ceux qui l'ont demandé) ;

6° 1/24 des officiers montant en courses est actuellement breveté militaire.

Sur 3500 officiers de cavalerie il y a 15 brevetés militaires, cela fait 1/233 des officiers de cavalerie (au début de 1912).

Cela donne idée qu'avant de se décider à faire de l'aviation il faut si l'on ne veut pas courir à un véritable suicide, répondre à pas mal de conditions.

I. — LA MACHINE HUMAINE

1° Ses organes :

Il faut avoir :

a) une excellente vue, ne pas avoir de daltonisme, ni d'astigmatisme;

b) une ouïe convenable. Le sens de l'équilibre sain ;

c) un cœur et des poumons convenables.

d) le foie, la rate, les reins très bons; l'estomac, les intestins en état normal.

a) Avoir une excellente vue.

Nous sommes obligés de rappeler les chutes mortelles dues aux vues nécessitant des verres.

Nous en appelons à Garros au circuit d'Anjou; s'il a pu voler le dimanche en enlevant ses lunettes et regardant entre ses doigts, c'est qu'il a une vue normale.

Exemple : Si j'écris ces lignes, c'est que j'ai une excellente vue et que, lunettes enlevées, j'ai vu à temps des fils de fer :

1° à Arthez (près Pau) 27 mai;

2° à Saint-Saviol (près Poitiers) 4 juin ;

3° à Mangienne (près Verdun) 17 septembre ;

4° au camp de Châlons (télégraphe) 5 août,

et que j'ai toujours su sur quel terrain, quelles cultures j'atterrissais ; ainsi à :

5° Pecqueuse (près Limours) 1er novembre.

Ce sont mes cinq pannes de moteur.

A Arthez : orage, pluie, nuages, pays déjà très accidenté.

A Saint-Saviol : vent, remous de chaleur, pays de petits champs bordés de haies avec grands arbres.

Mangienne : brouillard, télégraphe, fils de fers et poteaux.

Châlons : panne au-dessus de la ligne télégraphique à 150 m. d'altitude au départ. Les 7 fils de bougie coupés en un tour par un bout de feutre du capot (non traversé par les boulons).

Dès qu'il y a un peu de brume, le seul moyen de se diriger est d'enlever ses lunettes (il est vrai qu'à partir du moment où la pluie tombe moyennement, il faut les lunettes ; mais si elle est assez forte pour cacher le paysage il faut les enlever).

Le daltonisme peut causer de fatales erreurs de terrain.

L'astigmatisme peut dérober certains fils de fer.

Conclusion. — Nul ne peut prétendre voyager et n'être jamais pris par la pluie ou par la brume. Nul ne peut prétendre être à l'abri d'une panne de moteur.

Il faut voir normalement, on ne voit jamais assez bien.

b) Avoir une ouïe convenable.

Dans l'*état actuel de l'aviation* il suffit d'entendre le bruit de son moteur, bruit qui annihile tous les autres.

On sentira la commande de profondeur tirer bien avant de percevoir une baisse du moteur (voir plus loin).

Avoir le sens de l'équilibre sain.

Nous avons dans les plus grandes profondeurs de l'oreille (oreille interne) l'organe de notre *sixième sens, l'équilibre.* Théoriquement, en fermant les yeux, il nous indique de quel côté et de combien nous penchons.

Malheureusement il est bien atrophié dans notre race :

Exemple. — Tous les aviateurs ont constaté à la sortie d'un nuage ou du brouillard qu'ils volaient depuis un instant tout de travers!

Un des *Quatre* volait dans le brouillard dans les environs de Pau. Il se savait en terrain plat. Tout à coup il aperçut à sa gauche une colline à 45°.

Étonnement, réflexion : il constata que c'était lui qui penchait de 45° à gauche ! Nous disons 45 degrés !

Il se redressa... et vit que le vol était toujours horizontal.

CONCLUSION. — Ce sens de l'équilibre a besoin d'un sérieux entraînement ; il a surtout besoin d'être aidé par la vision.

Il y a lieu de s'entraîner en vol en fermant les yeux un *temps court*, par temps *calme*, à une *bonne altitude, loin de toute rencontre possible*. On constate en les rouvrant qu'il y a une rectification à faire à la position de l'appareil.

c) UN CŒUR ET DES POUMONS CONVENABLES.

Les efforts physiques étant modérés(1), même par gros temps, inutile d'avoir les dits organes parfaitement sains.

EXEMPLE. — Bon nombre de pilotes civils, aviateurs de réserve actuellement, étaient réformés pour faiblesse de ces organes. Ils sont maintenant reconnus bons pour le service aviation.

Il ne faudrait pas cependant des désordres du cœur susceptibles de provoquer des étourdissements, des pertes de conscience, etc...

On supportera naturellement d'autant mieux l'altitude que l'on aura cet organe plus sain.

Mal des aviateurs.

Nous n'avons qu'une chose à en dire :

« Dis donc, tu l'as vue cette bête-là ?

— Est-ce que çà a des pattes ? »

Tel fut la réponse d'un recordman de la hauteur !

CONCLUSION. — En descendant, avaler sa salive pour éviter les bourdonnements d'oreilles, et éviter de descendre de plus de 1000 m. en un seul vol plané.

---

(1) Il s'agit du monoplan léger.

a) LE FOIE, LA RATE, LES REINS TRÈS BONS.

Nous sommes obligés de renvoyer le lecteur aux livres de médecine ou plus justement aux médecins.

Ces organes ont une telle sensibilité au froid, leurs désordres ont une télle répercussion sur notre lucidité, sur l'aptitude au vertige, etc..., qu'il y a lieu de les *suivre* avec intérêt.

CONCLUSION. — Ayant ces organes sains, s'abstenir de voler les lendemains *de fête* (surtout si l'on a établi des records !)

L'estomac et les intestins en état normal.

Les vertiges venant de l'estomac et des intestins sont connus.

CONCLUSION. — Éviter les embarras de l'estomac et des intestins.

En cas de vol scabreux et de courte durée adopter la méthode des jockeys de steeples :

1º vessie vide;

2º gros intestin vide dans la mesure du possible;

3º estomac vide.

En cas de chute on évitera souvent ainsi la congestion. On évitera aussi l'éclatement de la vessie, ou si les intestins sont perforés, les désordres graves provoqués par le contenu du gros intestin.

2º Transmissions nerveuses, Raisonnements, Décisions :

a) *Dus à la race.*

b) *Leur entraînement.*

a) DUS A LA RACE. — Il nous faut d'abord faire une incursion chez nos amis les chevaux ; nous y trouvons :

Le cheval de gros trait ou de labour ;

Le demi-sang ;

Le pur sang.

Naturellement, si nous voulons faire un gagnant de grand prix, nous ne prendrons ni la première ni la seconde catégorie. La première si nous y choisissions le meilleur, si nous l'entraînions le mieux possible ne nous donnerait qu'un triste cheval de course.

La seconde, bien que plus apte, n'a jamais donné de gagnant de grand prix.

Nous prendrons donc dans la troisième catégorie.

Parmi les chevaux de pur sang, il y en a de différentes classes. Par exemple :

Le cheval de province (courses de province) ;

Le cheval de prix à réclamer ;

Le cheval de prix ordinaire ;

Le cheval de grande classe, engagé avant sa naissance dans les grandes épreuves : le candidat au grand prix.

Nous citons quelques classes, pour fixer les idées.

En général, les chevaux *d'origine modeste* sont de *classe modeste* et vous aurez beau les entraîner, ils ne seront jamais *aussi vite* que ceux de *grande origine*, ceux de *grande classe*.

Il y a par conséquent des chevaux qui, par atavisme, par leurs origines, sont vites. C'est parmi ceux-là qu'il nous faudra choisir notre cheval : *il sera donc de grande classe*.

Il sera vite de naissance.

Eh bien, il faut que *l'aviateur soit vite de naissance* ; il faut, par exemple, qu'il ait été bon en courses à pied sur 100 m., qu'il soit *vite* en escrime, qu'il soit bon au tennis dans les passes où son adversaire et lui sont au filet, qu'il tienne en souplesse sur un cheval rogneux, qu'il soit vite au foot-ball, etc...

Cela correspond à ceci en escrime :

DÉCOMPOSITION DU MOUVEMENT RÉFLEXE.

L'adversaire attaque par battez tirez droit :

1º *Action* : Battement de l'adversaire.

2º — 1ʳᵉ *Transmission aller* : Cette impression de battement suit la ligne télégraphique, c'est-à-dire *les fibres nerveuses* et arrive au premier bureau au centre du

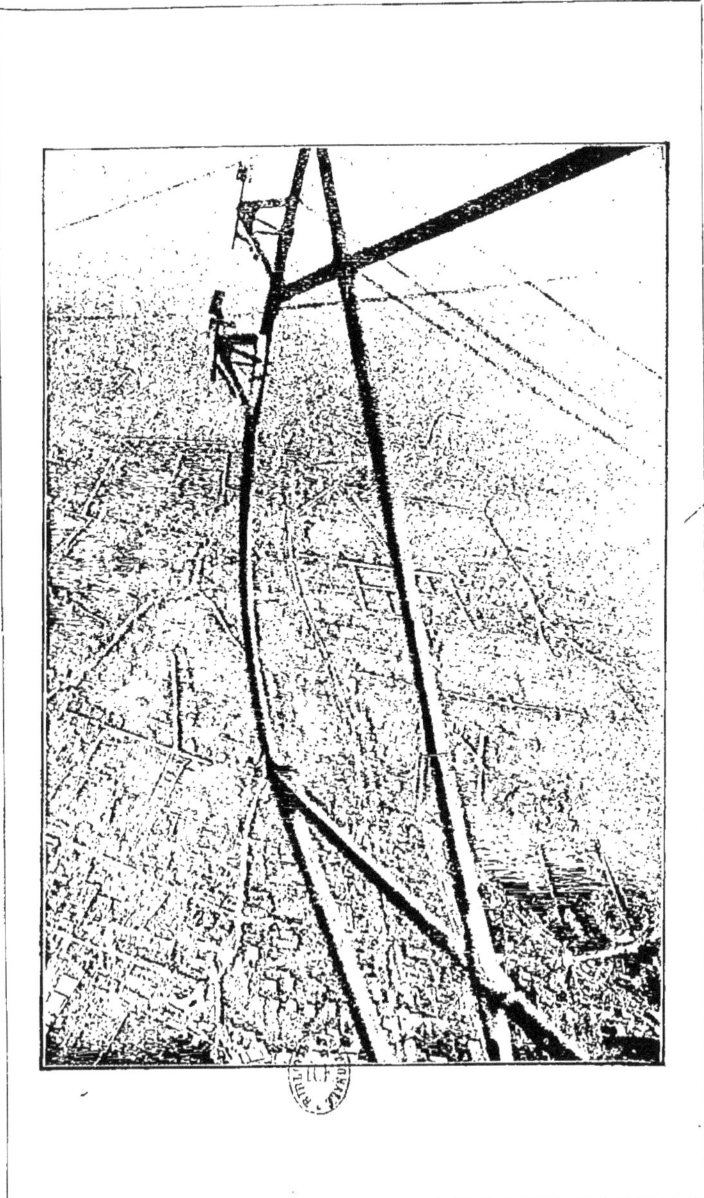

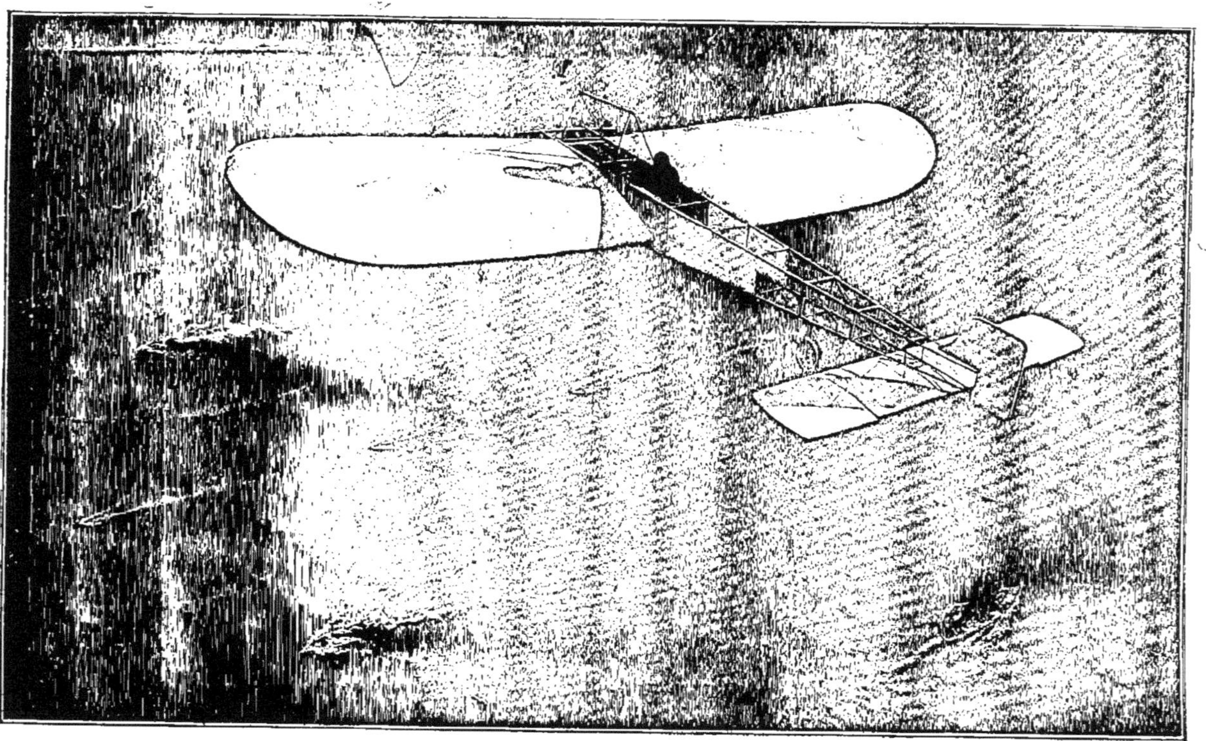

Dans sa traversée de la Manche Blériot croise une escadre anglaise.

bâtiment de la direction, c'est-à-dire à une *cellule nerveuse centrale* (du cerveau).

3° — *Réflexe remplaçant raisonnement et décision* : Ce premier bureau transmet au deuxième tout à côté, cellule voisine.

4° — 2e *Transmission retour et exécution* : Cette cellule transmet aux muscles de la main l'ordre de répondre par un battement.

Mouvements réflexes ou automatiques. — Pour l'escrimeur c'est un réflexe, il n'a pensé à rien, cela a été *automatique*.

Si depuis le battement de l'adversaire jusqu'au battement riposte il s'est passé 1 /10 de seconde : notre escrimeur est très vite, c'est un champion. Il a une *grande vitesse* due à sa *race*, il est de *grande classe* (sans quoi l'entraînement n'aurait pu lui donner une telle vitesse).

Mouvements volontaires (où il y a raisonnement).
Nous pouvons avec le même exemple et la même attaque avoir encore

Décomposition du mouvement volontaire.

1° — *Action* : battement de l'adversaire.

2° — 1re *Transmission, aller* : impression de battement transmise par *les fibres nerveuses à la cellule centrale.*

3° — *Raisonnement et décision* : il faut un ordre du directeur ou plutôt d'un des directeurs pour décider un battez dégagez. La 1re cellule transmet à *un centre supérieur* d'où part enfin l'ordre. Cela a pris du temps ! Ah les bureaux ! Un autre 1 /10 de seconde.

4° — 2e *Transmission, retour et exécution* : transmission et exécution. Ici *il y a eu raisonnement, décision à prendre*. Admettons 2 /10 de seconde pour le tout.

Notre escrimeur est décidément vite, c'est un excellent tireur.

Non seulement ses *transmissions nerveuses* mais encore *ses raisonnements et ses décisions dus à sa race* se font avec le *record de la vitesse*. (Sans quoi, là encore l'entraînement n'aurait pu lui donner cette vitesse).

a) LEUR ENTRAINEMENT (1).

Entraînement. — Pour obtenir *ces temps* records il lui a fallu :

1° *Un entraînement de fond* : c'est-à-dire qu'il a dû travailler l'escrime pendant plusieurs années. Il lui a fallu s'entraîner régulièrement tous les ans.

2° *Un entraînement actuel* : c'est-à-dire qu'il est actuellement entraîné, qu'il a subi un travail régulier et progressif depuis plusieurs mois : il est *en plein entraînement.*

Forme. — Mais il n'a pas suffi qu'il soit en plein entraînement, il a fallu qu'il participât à plusieurs poules ou concours. Il est arrivé ainsi progressivement à s'y classer en tête. Actuellement il est champion, il est entraîné au mieux, *il est en forme*, il est au maximum possible.

Temps de l'aviateur. — Pour fixer les idées, adoptons ceux de notre escrimeur :

1/10 seconde pour *un mouvement réflexe.*

2/10 seconde pour *un mouvement volontaire.* Cela prouve que non seulement il est de *grande classe*, mais encore qu'il s'est *entraîné* depuis de *longues années* ; enfin qu'actuellement il est en *pleine forme.*

Ses transmissions nerveuses se font extra-rapidement ;
Ses raisonnements se font extra-rapidement ;
Ses décisions se prennent extra-rapidement.
1° *par sa race* ;
2° par un long *entraînement* de *fond* (obtenu par des entraînements annuels);
3° par son *entraînement actuel*;
4° parce qu'il est *en pleine forme.*
Ses temps sont des temps records :
Tel est l'idéal au point de vue du *système nerveux de l'aviateur.*

---

1) Des transmissions nerveuses, raisonnements, décisions.

II. — LE MORAL

Il faut :

    a) Avoir de la tête ;
    b) Etre prudent ;
    c) Avoir une maturité sportive.

Ici nous sommes obligés de prendre comme exemple :
Les jeux de course à bicyclette sur piste ;
Les courses d'automobiles ;
Les steeples chases.

Ayant pratiqué les premières il y a dix-sept ans, n'ayant pas pratiqué les secondes, nous choisirons les dernières dont les souvenirs sont plus récents ; mais surtout parce qu'elles ont une plus grande analogie avec *l'aviation d'extérieur* !

a) AVOIR DE LA TÊTE.

On dit d'un jockey *il a de la tête.*
Ainsi : cet homme arrive à 60 km. à l'heure sur un obstacle, il a deux chevaux devant lui séparés par un intervalle de 4 mètres, il compte sauter l'obstacle entre eux : pas du tout, les deux chevaux se resserrent en sautant. Il reste 10 mètres de terrain avant l'obstacle.
L'homme voit,
Décide de passer à droite,
Manœuvre,
Le cheval sent,
Le cheval obéit,
le tout en 10 mètres à mettons 50 km à l'heure, car le cheval a ralenti. Cela fait :
7/10 de seconde.
On voit que par exemple :
L'homme voit 1/10 de seconde,
choisit et commande 2/10 de seconde,

manœuvre en penchant le corps à droite 3/10 de seconde,

le cheval sent et penche le corps à droite par une action mécanique 2/10 de seconde.

(Ces deux derniers résultats sont donnés par le cinématographe).

En aviation nous avons des situations analogues.

Exemple. — Par suite d'une panne d'essence, je décide d'atterrir dans le seul terrain à portée à Arthez (près Pau).

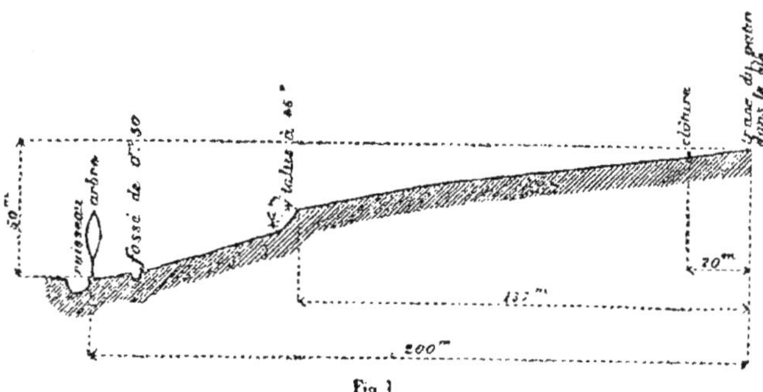

Fig 1

A mille mètres d'altitude, je vois un champ de blé assez plat (Nuages et brume). Je vais toucher terre sur une pente assez forte (Arthez est sur des collines) quand je vois des têtes de poteaux et une ronce artificielle émergeant à peine d'un blé haut : coup de cloche, petit steeple, rendez, reprenez..... terre, descente d'un talus à 45° après virage pour le prendre normalement, arrêt à 2 mètres des arbres et d'un ruisseau.

C'est un Blériot 2 places 50 ch., il fait 60 km à l'heure. Depuis le point où j'allais prendre terre jusqu'à l'arrêt, il y a 200 m. virage compris.

Terrain parcouru	Action	Temps
3 m. 33	Voir le fil de fer	0"1
6 m. 66	Cabrer	0"2
16 m. 67	Passer l'obstacle	0"5
6 m. 66	Piquer	0"2
66 m. 68	Atterrir	2"0
3 m. 33	Voir le talus	0"1
3 m. 33	Décider le virage	0"1
6 m. 66	Manœuvrer	0"2
53 m. 34	Virer à terre	1"6
33 m. 34	Rouler et arrêt	1"0

200 m. 00   200 m. à 60 km à l'heure font   6"0

Ces temps font nettement voir la grande analogie qu'il y a entre les deux situations.

Cet exemple d'atterrissage mouvementé fait voir qu'en aviation au départ et à l'atterrissage il faut : *avoir de la tête.*

(b) ETRE PRUDENT.

C'est là que le *passé sportif* intervient le plus. Il faut avoir fait des sports qui vous aient *mis du plomb dans la tête.*

A Arthez j'avais 5 h. 19 de vol, *en tout, apprentissage compris,* c'est *mon passé sportif qui a parlé.* C'était ma première panne sur la campagne.

Le jeune jockey d'obstacles se met dans les bousculades, tombe sur les chevaux tombés, etc...

Le jockey expérimenté est rarement mis hors de course par ses voisins, il évite soigneusement de se mettre dans les mauvais cas et s'il a moins de fougue, il a plus de science... aussi il gagne !

Quand un homme de sport n'a jamais eu d'accident *il ne doute de rien.*

Après l'accident grave le véritable homme de sport *surmonte l'appréhension et recommence.* Celui qui n'avait pas

de moral *se remise*. L'homme de sport prudent a eu un ou
plusieurs accidents graves, il n'a pas peur :

mais il sait,

il est prudent.

Le jeune sportif

ne sait pas,

il marche et comme ses *temps* de *transmissions,* de *décisions*
sont trop longs, quand vient la décision à prendre, il ne
la prend pas, *il attend que cela soit fini...*

Malheureusement, en aviation, cela finit très mal.

On peut y aller franchement avec les chevaux ; en général, les « bûches » sur les obstacles, même en course, sont
anodines.

En aviation, celui qui n'a pas attendu que ses réflexes
se soient créés et qui sans eux veut y aller franchement,
celui-là le paie de son existence.

Il faut donc avoir :

(c) UNE MATURITÉ SPORTIVE.

Elle seule donnera à l'aviateur la patience d'attendre
que la pratique, l'entraînement aient TRANSFORMÉ EN
MOUVEMENTS RÉFLEXES TOUT OU PARTIE DES MOUVE-
MENTS VOLONTAIRES (1).

Mouvements — Il faut que les mouvements soient faits :

Mouvements	Mouvements réflexes comportant	Précision Rapidité	en { Amplitude, Force, Temps }
		Raisonnement Décision	devenus automatiques par l'habitude
	Mouvements volontaires	Précision, Rapidité, Raisonnement, Décision	en { Amplitude, Force, Temps, Pensée }

1) Consulter les ouvrages de : MM. Waren Lombard, Binet, Broca et Binet,
et l'article de MM. Saunier (1ᵉʳ avril 1912 Aérophile) pour approfondir les mouvements réflexes et volontaires

III. — AGE

Nous avons puisé une partie de ce qui précède dans les remarquables travaux de M. Broca.

Malheureusement nous concluons, contrairement à lui, en disant que l'aviation n'est pas un sport de jeune homme.

Dans l'état actuel de l'aviation, pour voguer en plein ciel il faut :

1º de la rapidité : qualité des jeunes très entraînés ;

2º de la précision : qualité qui vient entre 20 et 40 ans ;

3º de la tête : qualité postérieure à 25 ans ;

4º être très prudent : qualité postérieure à 30 ans.

L'apprentissage pour les deux dernières qualités ne peut se faire dans l'aviation où l'on se tue au lieu d'acquérir lesdites qualités.

Tout dépend évidemment du *passé sportif* et, naturellement, ce passé sportif donne de la *maturité sportive* à certains à 25 ans.

Mais j'en citerais d'autres qui ne l'ont eue que beaucoup plus tard ; d'autres qui ne l'auront jamais.

CONCLUSION. — Ne faire de l'aviation en plein ciel au-dessus de la campagne qu'à partir de :

25 ans et jusqu'au jour où l'on sentira que cela ne va plus.

Inutile de mettre une limite d'âge, le vieux bon pilote *sera rare, il saura,* et justement parce qu'il saura il ne volera plus le jour où il ne se sentira plus en possession de ses moyens d'antan (1).

Si nous nous plaçons au point de vue militaire, l'Inspecteur Permanent sait qui ne vole plus et si il le veut, pour éviter un suicide inutile, il agit.

Mais de même qu'il n'y a pas de limite d'âge spéciale pour la cavalerie, nous n'en demandons pas pour l'aviation et nous le prouvons..... en volant.

---

(1) Il suffit de constater que les pilotes des premières années sont pour la plupart « remisés ». Parmi les rares qui volent encore y en a-t-il beaucoup qui volent « en plein ciel ? »

IV. — MARIAGE

Dans l'état actuel de l'aviation, il faut plaindre les femmes des aviateurs mariés... mais d'un autre côté, il est anti social de proscrire le mariage aux aviateurs.

Reportons-nous à *quelques siècles* plus tard, le mariage des aviateurs ayant été prohibé et l'aviation ayant gardé son pour cent de pertes annuelles. Il est bien évident que tous les hommes *ayant voulu* et *ayant pu* faire des aviateurs auraient disparu sans laisser de descendants. Ce serait tuer la poule aux œufs d'or. Nous dirions même : ce serait anti-élevage.

La race des jockeys existe indiscutablement.

Pourquoi ne pas favoriser l'éclosion de la race des aviateurs ?

L'État n'a pas le droit d'intervenir, si ce n'est pour payer des pensions à Nos Veuves.

Nous sommes seuls qualifiés !

Il faut espérer que le pour cent de casse baissera ; mais si la France veut *une aviation* comme elle à *une cavalerie*, il lui faut des *aviateurs de carrière*.

Aviateurs militaires nous sommes, aviateurs nous resterons, comme nous serions restés cavaliers.

A Nos Femmes qui ont la grandeur d'âme de nous laisser accomplir notre devoir, j'adresse ici mes hommages respectueux, j'aime à croire que leurs enfants seront dignes d'Elles.

CHAPITRE III

—

AVION

—

I. — TENUE DANS L'AIR

Nous verrons dans les chapitres Air et Météorologie combien certains jours notre air est agité. Nous verrons que les dimensions et les vitesses des remous sont telles que :

Théorème : *L'avion subit quelquefois plusieurs assauts en une seconde.*

Nous entendons par là, par exemple : que si une lame d'air tend à un moment à faire cabrer l'avion il peut en arriver une autre moins d'une seconde après tendant soit à faire cabrer, soit au contraire à faire piquer.

Notre *rogneux* peut donc se cabrer coup sur coup 2 fois en une seconde ou se cabrer puis ruer le tout en une seconde.

Théorème : *Il faut que l'aviateur ait le temps de manœuvrer.*

Il faut que l'avion ait le temps de répondre. Cela demande, nous l'avons vu, certaines qualités pour l'aviateur.

Cela demande à l'avion d'obéir vite aux commandes.

Théorème : *Il faut que l'avion n'ait pas trop de ballant* (1).

L'équilibriste sur la corde peut prendre un grand balancier ou un petit. S'il en prend un grand il gardera facilement son équilibre ; mais si quelqu'un vient à troubler l'équilibre du balancier l'équilibriste sera d'autant plus vite par terre que le balancier aura plus de ballant.

---

(1) Il faut que l'avion n'ait pas des moments d'inertie trop grands dans tous les sens.

S'il en prend un petit et léger il aura dans le même cas d'autant plus de facilité à se rétablir que le balancier aura moins de ballant.

Par contre si l'équilibriste ne prend pas de balancier du tout, il faudra qu'il rachète cela par de la virtuosité. Il y aura des déséquilibres un peu grands où il ira du coup par terre.

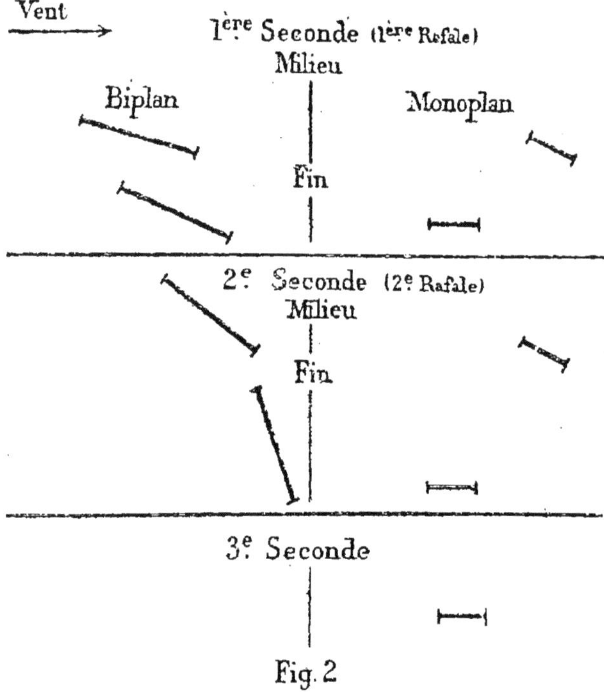

Fig. 2

Cela nous montre que :

Théorème : *Il ne faut pas que l'avion ait trop peu de ballant* (on l'obtient par la disposition des masses et celle des surfaces).

Nous allons maintenant comparer un grand biplan,

de 24 m. d'envergure avec un petit Blériot monoplan type Circuit de l'Est envergure 8 m. 50.

Supposons que dans une seconde il y ait une action de l'air telle qu'elle fasse pencher à droite :

le biplan de 20° en 1'',

le monoplan de 30° en 1/2 seconde.

Dans les deux cas le pilote manœuvre pour redresser dès qu'il s'aperçoit du mouvement.

Malheureusement, pendant la seconde suivante exactement la même action de l'air se produit.

Cette action de l'air trouve :

Le biplan incliné à droite de 20°.

Le monoplan horizontal.

En effet, dans cet exemple tout conventionnel, mais qui représente assez bien les faits : le grand biplan une fois parti à pencher ne répond pas de suite, tandis que le monoplan répond très vite.

Le tableau suivant permet de comprendre la marche des phénomènes :

	1/10 de secon.	ACTION de l'air	BIPLAN	MONOPLAN
1re Seconde	1er	Commencem^t	L'appareil ne marque rien	L'appareil penche
	2e		L'appareil penche	L'aviateur sent
	3e		L'aviateur sent	— décide
	4e	Maximum	— décide	— exécute
	5e		— exécute	L'ap. cont. de pench.
	6e	Fin	L'appareil continue à pencher	L'ap. finit de pench
	7e		—	— se redresse
	8e		—	—
	9e		—	—
	10e		L'appareil finit de pencher / Biplan à 20°	Monoplan horiz.
2e Seconde	1er	Commencem^t	L'ap. ne marq. rien	L'appareil penche
	2e		L'appar. penche 21°	L'aviateur sent
	3e		L'aviateur ne peut rien 23°	— décide
	4e	Maximum	L'appar. penche 25°	— exécute
	5e		— 30°	L ap. cont. à pench.
	6e	Fin	— 40°	— se redresse
	7e		— 55°	—
	8e		L'appareil tombe	
	9e		en glissant sur l'aile droite	—
	10e		Le biplan tombe	Le monoplan vole

Nous avons supposé que le grand biplan était genre concours militaire 1911, donc appareil type grand et lourd balancier.

Et que le monoplan était un circuit de l'Est non revu et augmenté en poids 1º Par les soins de l'armée ; 2º Par une trousse d'outillage; 3º Par de nombreux instruments pour la route.

Exemples. — Paris-Rome. Paris-Madrid, Circuit-Européen (malgré la splendide défense de Renaux). Enfin la démonstration éclatante de Garros et de Brindejonc des Moulinais au circuit d'Anjou.

Aux manœuvres du 6e Corps, en 1911, le jour où Nieuport s'est tué, Lelièvre et moi avons fait notre service et renseigné comme tous les jours de ces manœuvres.

Seuls Nieuport, Lelièvre et moi avons volé aux manœuvres du 6e Corps ce jour-là.

Lorsque mes renseignements donnés je suis arrivé au-dessus de Dun-sur-Meuse, j'ai eu la joie d'être obligé de piquer pour doubler le cap. Je faisais du sur place au-dessus de Dun. Les habitants m'ont ensuite remercié d'avoir eu cette complaisance! J'ai, si je ne m'abuse, eu à faire à un vent de 95 km. à l'heure et qui était loin d'être régulier, à 11 heures du matin le 15 septembre.

Exemple. — On peut constater que les maisons de biplan ont réduit leur envergure.

L'Henri Farman de course actuel est selon mes camarades Mesnard, Blard et Maillefert un biplan qui, sans le stabilisat ur avant, doit se rapprocher beaucoup de notre petit Blériot. Il tend vers :

1º Les masses (poids) concentrées.

2º La petite envergure ;

3º Les commandes bien *réversibles* (1).

a) Temps de l'avion.

Nous avons vu ce qu'il faut entendre par *temps de l'aviateur.*

Nous venons de voir que l'avion aussi *a des temps,*

(1) Si l'on pousse le levier de commande il pousse l'air par le plan du stabilisateur et par le dessous.
Inversement si l'air pousse le stabilisateur par le dessous le levier pousse dans la main.

temps qu'il met à répondre aux différentes manœuvres.

Malheureusement, toutes les fois que j'ai été bien secoué, je n'ai pas eu le loisir de chronométrer les temps de mon fidèle Blériot ; mais les sensations éprouvées souvent se gravent dans notre mémoire.

Aussi il me suffit de mettre une règle devant moi pour trouver les angles de pentes en long ou en large.

De même pour la durée d'un déséquilibre je suis arrivé à me faire une idée de son ordre de grandeur.

Sous ces réserves nous admettrons les temps suivants :

Effet des remous moyens : 2 secondes pour pencher de 20° à droite ou à gauche.

8/10 secondes pour cabrer ou piquer de 30°.

Pour nous défendre nous avons :

1° Le gouvernail de profondeur ou stabilisateur ;   } redressement en longueur

2° Le gauchissement ;   } redressement de droite à gauche ou gauche à droite

3° le gouvernail de direction ;

Effets pour les actions moyennes correspondantes aux remous moyens :

du stabilisateur 2/10 de seconde pour redresser de 30° en longueur ;

du gauchissement 2 secondes pour redresser de 20° en largeur ;

du gouvernail de direction 2/10 de secondes pour redresser de 20° en largeur.

Pour trouver ces temps j'ai opéré sur une minute avec une grande règle de trois mètres de long et comptant les mouvements faits dans une minute.

CONCLUSION. — Il faut que l'avion ait *des temps courts*, assez courts pour qu'il ait le temps de se redresser entre deux assauts de l'air.

Pour cela il faut qu'il n'ait pas trop de ballant, c'est-à-dire :

1° Masses concentrées (au centre).

2° Ailes, queue et train d'atterrissage légers.

3° Il faut qu'il soit aussi léger que possible.

(b) Légèreté de l'avion. — Il y a deux méthodes pour faire du plus lourd que l'air :

1° Celle des oiseaux ;

2° Celle des balles et des obus.

Le 100 à l'heure des avions les rapproche plus des oiseaux que des obus.

Malheureusement, notre mécanique actuelle, nos matériaux ne nous permettent pas la perfection des oiseaux qui planent avec des ailes : *portant* 10 *kgs par mètre carré* et qui rentrent de la toile c'est-à-dire diminuent la surface de leurs ailes pour aller vite. Mais toujours ils disposent de 1 m² par 10 kgs. à l'atterrissage.

Nous qui nous plaçons uniquement au point de vue de l'atterrissage en terrain varié, du moment que nous ne pouvons déployer de la toile à l'atterrissage, nous nous garderons bien de porter *plus de 22 kgs. par mètre carré* pour éviter l'atterrissage de l'obus, surtout en cas de panne en mauvais terrain.

Nous n'emploierons pas en dehors des aérodromes des appareils qui atterrissent à plus de 100 km. à l'heure.

Nous verrons au chapitre atterrissage la nécessité de n'avoir pas non plus une trop bonne qualité de pénétration au moment de l'atterrissage au milieu des arbres.

Conclusions. — Notre appareil léger à 22 kgs. par mètre carré sera *ballotté comme un bouchon*, il montera à la lame, nous prendrons des à-coups de l'air, des secousses atténuées. Aussi entre les mains d'un aviateur dont *les temps* seront courts, d'un aviateur *souple et adroit* dans ses manœuvres, il ne cassera pas en l'air.

Il ne portera pas 10 kgs. par mètre carré parce que la mécanique, nos matériaux actuels ne nous le permettent pas encore. En effet 22 kgs. par mètre carré est actuellement un minimum.

Il est dans l'océan aérien le bateau de sauvetage dans l'océan marin.

Ses petites dimensions lui permettent de se reprendre, entre deux lames, de rétablir son équilibre et cela d'autant mieux qu'il a moins de ballant et qu'il est plus léger.

a) COMMANDES BIEN RÉVERSIBLES.

Quand un cheval veut vous jouer un mauvais tour il vous avertit : il couche les oreilles, baisse, lève ou tourne la tête, fait le gros dos, durcit ses flancs sous la jambe, durcit un ou deux côtés de sa bouche etc...

De même *l'avion* doit vous *indiquer la façon dont l'air le travaille.*

Il faut que si l'air ne passe plus assez vite sous les surfaces la cloche tire, que si il passe trop vite elle pousse.

Il faut que si l'air ne porte plus les ailes le gauchissement vous en prévienne en devenant flou, en devenant lâche.

Là est le meilleur indicateur, il gagne sur tout indicateur à vision un temps de 2/10 de seconde.

Mouvement volontaire :

1º temps pour voir l'indication 1/10 seconde.
2º temps pour raisonner et décider 1/10 seconde.
3º temps pour exécuter 1/10 seconde,

Mouvement réflexe :

temps du réflexe 1/10 seconde.

En effet nous verrons que l'appareil qui s'engage (1) tire immédiatement sur la cloche. A cette cloche qui vous tire dans la main, par réflexe en 1/10 de seconde, il faut immédiatement répondre en tirant à fond.

Si cette commande n'était pas réversible, il vous faudrait regarder l'indicateur (en supposant qu'il vous indique quelque chose) *perdre* 2/10 *de seconde, c'est-à-dire vous engager à fond.*

---

(1) L'appareil qui non seulement pique du nez, mais tend à faire la culbute en avant.

II. — ENTRETIEN DE L'AVION

Il nous faut dire d'abord :

a) CE QUE DOIT ÊTRE LE MÉCANICIEN :

Il ne doit pas avoir l'âge où l'on fait encore systématiquement la fête en déplacement.

Exceptionnellement on trouvera à 21 ans un modèle de raison, allié à un parfait mécanicien.

Mais n'oublions pas que l'ouvrier d'usine n'est plus en général le mécanicien universel de jadis surtout à 21 ans.

Avec des hommes de 21 ans on a plus de chance d'avoir des apprentis que des mécaniciens.

Un *très bon mécanicien* pour se mettre à la hauteur de sa tâche en aviation, aura besoin de 2 *ans de pratique* dans une *école d'aviation* et d'un *stage* chez le constructeur du moteur.

Malgré cela il faudra n'avoir confiance qu'en soi.

b) TRAIN D'ATTERRISSAGE.

1° ne pas faire des économies de pneux ou de chambre. Avoir toujours des pneux bien gonflés.

Mettre des transfils (ligatures en fil fouet) aux planches s'il n'y en a pas.

2° *Réglage.* — L'appareil soulevé : les roues doivent être perpendiculaires à la planche.

c) AILES.

1° Quand il y a eu choc, les démonter et palper les longerons.

Ne pas souffrir le moindre accroc aux toiles.

Après un voyage agité revoir le réglage.

2° *Réglage.* — S'il y a du V (1) savoir l'angle et avoir la règle le faisant pour le donner au niveau d'eau.

Faire ce réglage au niveau et non pas à l'œil.

(1) La règle pour le Blériot circuit de l'Est a 5° de pente.

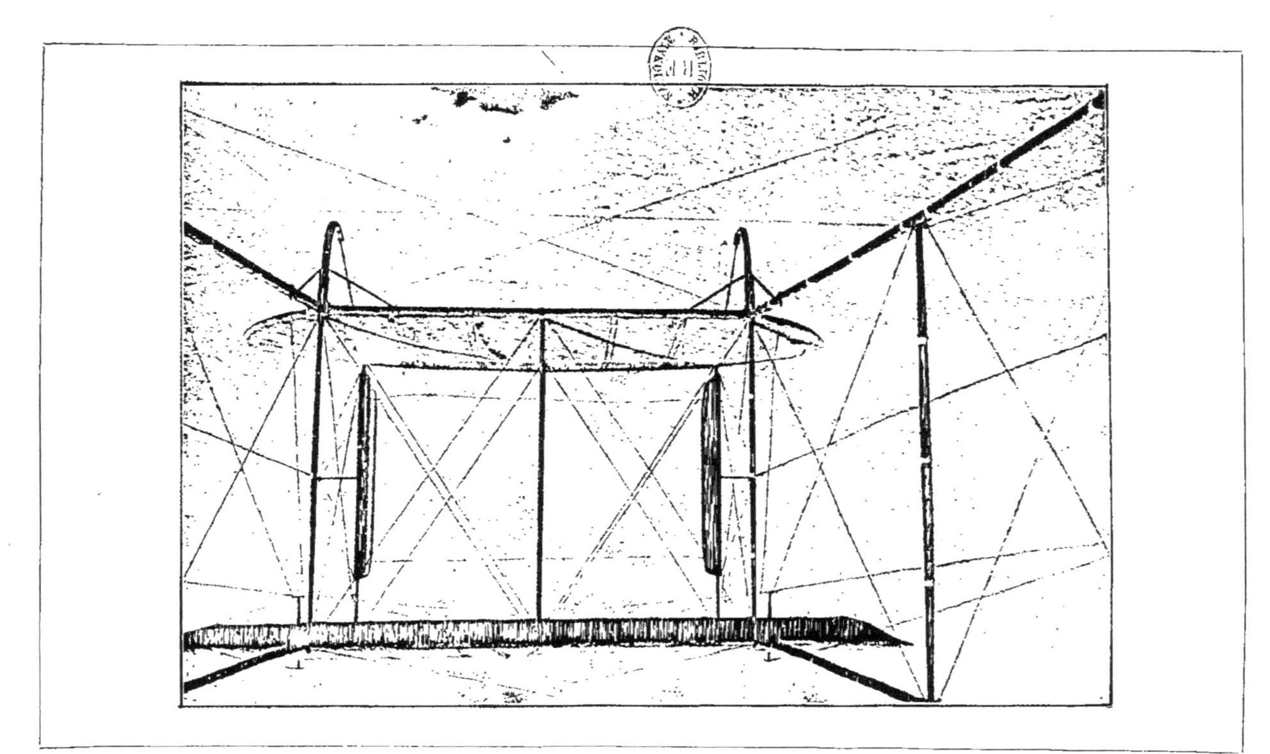

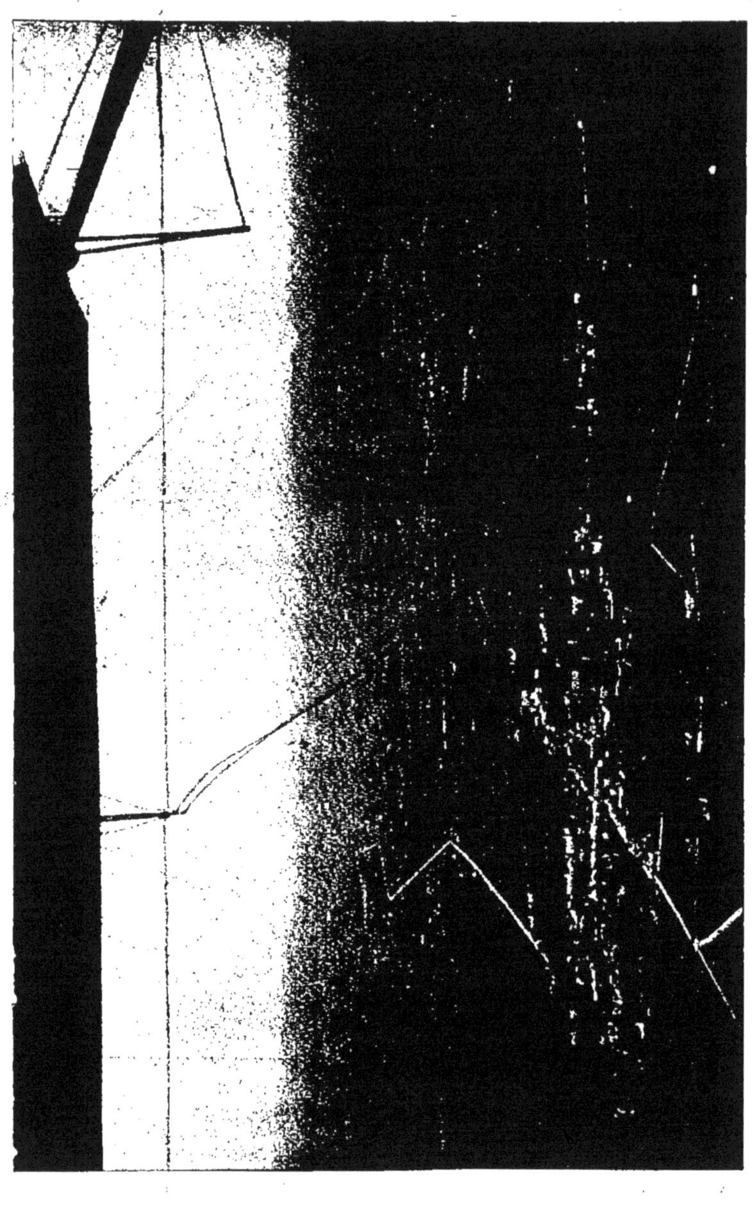

Surveiller les cordes à piano qui empêchent les ailes d'aller en arrière, elles fatiguent beaucoup (1).

Veiller à ce que les haubans soient indemnes et leurs attaches en ordre.

d) FUSELAGE.

1° Eviter l'huile et l'essence sur les bois, elles rendent le bois friable. Les vieux appareils ont quelquefois de vieilles parties datant de leurs constructions : les changer.

Toujours remplacer les cordes cassées ou détendues ou trop tendues.

Veiller à ce qu'il soit bien droit (pas voilé).

2° *Réglage.* — A faire faire à l'usine (nécessite un spécialiste).

e) STABILISATEUR.

1° Est souvent abîmé au départ par les profanes, le vérifier soigneusement, comme les ailes.

2° *Réglage en large.* — En regardant de devant l'appareil, le stabilisateur doit être parallèle à la planche du bas.

S'il *penche à droite*, l'appareil en vol et surtout à l'atterrissage *penchera à gauche.*

3° *Réglage en long.* — Si en vol horizontal, l'appareil horizontal le moteur donnant 1200 tours.

TRES IMPORTANT. — 1° *La cloche tire* il faut donner *moins d'incidence au plan fixe.*

En effet cela prouve que l'appareil ne demande qu'à piquer et *s'engager* (voir plus loin).

2° *Si la cloche pousse très légèrement* (2) : il est *très bien.*

3° Si la cloche pousse dans la main : il faut augmenter très légèrement l'incidence.

TRES IMPORTANT. — Il faut alors essayer, en redonner encore, etc..., mais surtout ne pas aller vite pour ne

---

(1) Elles doivent être tendues quand on lève les ailes à la main (ce qui remplace la pression de l'air).

(2) Mettons avec une force de 1 kg. maximum.

pas passer au premier cas, pour ne pas *risquer de s'engager*.

f) GOUVERNAIL.

1° Veiller à ce qu'il tourne facilement. Le bois joue par l'humidité, en ce cas le démonter et le gratter.

Veiller à ce qu'il ne soit pas trop voilé.

Presses. — Pour le gouvernail et les bords de sortie des ailes : il est bon de faire des presses avec deux planches et des boulons. On pince lesdits bords entre eux au hangar, cela évite qu'ils se gondolent.

g) COMMANDES.

Toujours vérifier toutes les transmissions.

Réglage. — 1° *Gauchissement.* — La cloche étant au milieu, en se plaçant derrière les ailes, on veille à ce que le bord de sortie soit parallèle au bord d'attaque.

2° *Gouvernail.* — La barre de pied étant perpendiculaire à l'axe de l'appareil : le gouvernail doit être bien droit.

Cordes à piano. — Ne jamais faire d'économie de cordes. Quand on a tordu trop court par exemple ne pas redresser pour retordre plus loin. On serait sûr d'une rupture plus tard à l'endroit redressé.

III. — ENTRETIEN DU MOTEUR GNOME

En arrêtant, tâter les cylindres pour voir s'il n'y en a pas qui chauffent.

Attendre qu'ils soient *tièdes, pétroler à raison d'une seringue par cylindre.*

Nettoyer au pétrole les soupapes d'échappement et l'extérieur des cylindres.

Graisser.

Vérifier les bougies à chaque étape.

Nettoyer le charbon du distributeur et le distributeur.
(faire un *trou* au fond du porte charbon avec une mèche

fine *le long de la borne*, s'il n'y en a pas. Ce trou empêche l'air de se comprimer, lui permet de rentrer et permet d'injecter de l'essence pour nettoyer.

Démonter et roder les soupapes toutes les 15 heures, de marche, plus souvent si c'est nécessaire.

Démonter tout pour les obturateurs toutes les 25 à 30 heures de marche, et toutes les fois que l'on voit une soupape d'aspiration chauffée, ou encore si l'on ne sent plus de compression.

Remarque. — Pour les détails de construction et l'entretien de l'appareil et du moteur, consulter les constructeurs, qui donneront des opuscules très complets.

Les lecteurs trouveront aussi d'utiles renseignements dans :

1° « Les aéroplanes Blériot » *(Revue Générale Aéronautique Militaire)*, par le commandant FÉLIX.

2° « Les moteurs d'aviation », par TARIS et BERTHIER.

3° « Le moteur Gnome », par le lieutenant RÉMY.

4° « Causeries sans formules sur l'aéroplane » *(Revue Générale de l'Aéronautique Militaire)*, par le capitaine DUCHÊNE.

AUX JEUNES

Nous leur devons ce post-scriptum.

A ceux qui n'ont pas fait de sport nous disons *abstenez-vous pour le moment* et par des entraînements de plusieurs années acquérez dans d'autres sports les qualités qui vous manquent.

Aux sujets d'élite qui, au contraire, ont pratiqué avec succès différents sports, à ceux qui ont par conséquent :

1° Des transmissions nerveuses extra rapides et précises.

2° Des raisonnements extra rapides et précis ;

3° Des décisions extra rapides et précises et qui ont de plus :

4° De la tête   ) Ils n'auraient pas eu de succès sans
5° De la prudence)   ces deux qualités.
Nous disons : ayez la raison de prendre :
6° Notre maturité sportive.

Elle vous donnera :

*La patience d'attendre sur l'aérodrome, puis dans les
environs que la pratique, l'entraînement aient transformé
en mouvements réflexes la plupart* des *mouvements volontaires* alors seulement vous pourrez sans risques:

Sillonner le plein ciel !

CHAPITRE IV

MÉTÉOROLOGIE

I. — CARTE MÉTÉOROLOGIQUE

Bien que pour le moment ces fameuses cartes bleues soient considérées d'un air moqueur par tous les aviateurs, il faut cependant savoir ce qu'elles représentent.

On peut en tirer des indications très générales.

Isobares. — On reçoit au Bureau central tous les jours les pressions observées en différents points du globe. On marque ces pressions au lieu de leur observation sur la carte. On réunit les points où la pression est la même par une ligne : cette *ligne d'égale pression* est une *isobare*.

1º Dépressions. — Supposons que sur l'Angleterre par exemple, on trouve une courbe (comme celle de la figure 3) cotée 745 avec au centre 740. On dit alors qu'une *dépression* passe sur l'Angleterre. Le point 740 est le centre de la dépression (740 $^{m}/^{m}$ de mercure ; 760 $^{m}/^{m}$ étant la pression normale de l'air).

1re *Loi.* — Le vent (dans un rayon de 1.000 km. par exemple) tourne autour de ce centre dans le sens inverse des aiguilles d'une montre. (Pour l'Europe, ou plus exactement pour l'hémisphère nord.)

2e *Loi.* — Ces dépressions nous viennent de l'Atlantique et en général passent en allant vers le nord-est ou l'est.

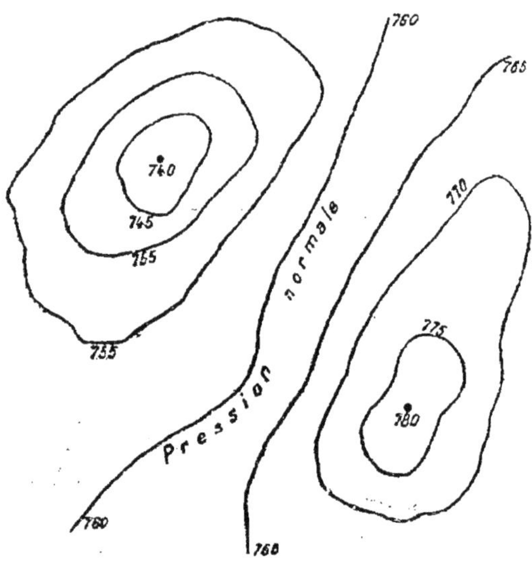

Fig. 3.

3e *Loi.* — Si nous sommes au sud d'une dépression, nous avons là le plus fort vent qui existe autour de la dépression (côté non maniable).

4e *Loi.* — Si nous sommes au nord, nous avons là le plus faible vent qui existe autour de la dépression (côté maniable).

5e *Loi.* — Dépression veut dire baromètre bas : pluie, vent, tempête, disent les baromètres.

Méthode. — Bien se souvenir que l'air sera toujours agité ; qu'il y aura *peut-être* de la pluie, de l'orage.

Remarque. — Quand les bateaux sur l'Atlantique préviendront par T. S. F. des observations faites en mer nous saurons en France qu'une dépression arrive.

En attendant, nous prévenons les Russes par exemple ; c'est pourquoi nos camarades aviateurs russes croient à la prévision du temps.

Pour nous, nous n'avons que le baromètre et surtout nos vols à haute altitude pour nous renseigner : voilà le présent (voir plus loin).

2º Pressions. — Or, on remarque aussi en certains points des isobares correspondant à *un centre de pression.*

Ce sera sur la fig. 3 les isobares 770, 775 et le centre 780.

1re *Loi.* — Le vent tourne autour d'une pression dans le sens des aiguilles d'une montre.

2e *Loi.* — Au sud le vent est moins fort.

3e *Loi.* — Au nord, le vent est plus fort. (C'est l'inverse pour le centre de dépression.)

4e *Loi.* — Pression veut dire baromètre haut : Beau, beau fixe, disent les baromètres.

Méthode. — Si la France est couverte par des courbes marquant un centre de pression : tout va bien (en général).

3º Théorie des grains (due à M. Durand-Gréville). — *Grain.* — Un vent soufflant, par exemple, du sud-ouest : on constate tout à coup que l'horizon se charge de nuages (vers le sud-ouest), puis le vent tourne et vient enfin du nord-ouest, je suppose. Ce vent est devenu beaucoup plus fort, il souffle en tempête. Les gros nuages, noirs et bas, passent, ils crèvent ou non, il y a du tonnerre ou non. Mais toujours, la température baisse. Enfin le tout s'éloigne, le vent baisse et retourne à sa première direction ou tout au moins à l'ouest par exemple. Mettons que tout

cela dure une heure ; chacun dit c'est un grain, laissons
passer le grain (figure 4).

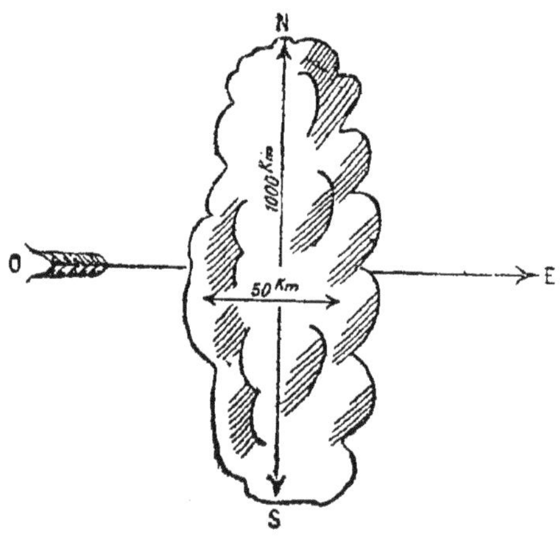

Fig. 4.

Méthode. — Une bande de nuages constitue ces grains ;
elle est animée d'une vitesse de 50 km. à 90 km. à l'heure;
elle a plusieurs milliers de kilomètres de long sud-nord et
jamais plus de 100 km. de large, ouest-est (souvent 10 km.).

Voyager aussi haut que possible et selon le but du voyage : fuir devant ; ou faire face au vent et traverser le
plus vite possible, là où il ne pleut pas. Si donc on traverse
avec un appareil qui fait 100 km. à l'heure, on en a :

de 6 minutes à 1 heure au plus.

*Mais en aucun cas on ne doit risquer de passer au des-
sus* : il faut en effet compter avec la panne de moteur.

De plus, on peut trouver la mer de nuages derrière.

Enfin le dessus est quelquefois à 2.000 m.

Enfin et surtout « on y danse » !

II. — NUAGES

Les plus hauts sont blanc pur, rayés ou pommelés, ils
sont intéressants parce qu'ils donnent les directions de

vent à ces hauteurs. Nous n'allons pas les voir de près, ils sont trop haut.

Les plus bas sont en forme de montagnes neigeuses : ce sont les cumulus. Ils sont d'autant plus noirs qu'ils sont plus bas.

MÉTHODE. — A terre comme en l'air, regarder tout autour de soi. Si l'on voit un gros nuage noir et surtout si l'air en dessous est brouillé, si surtout le nuage a *des jambes*, Monsieur de La Palice vous affirmerait qu'il pleut là-dessous et qu'il vaut mieux passer à côté. C'est évident : ça n'empêche pas qu'il y a des gens pour y aller. (Pour passer à côté il faut la carte ; morale : il faut une bande de carte large).

1º MER DE NUAGES. — Il n'est pas de plus beau spectacle que la mer de nuages. Pour le terrien qui fait sa première ascension, c'est une incursion dans un autre monde.

En ballon où le silence est absolu, cette première impression a quelque chose de surnaturel. De tout temps, l'homme a placé la divinité au ciel et le ciel au-dessus des nuages. Aussi est-ce une véritable émotion qui empoigne l'aéronaute novice à la vue de ces coloris merveilleux s'étendant à perte de vue sous ses pieds.

Les moins neurasthéniques sont influencés par le temps gris, maussade et par le manque de soleil. Au-dessous de la mer de nuages : c'était la vie triste ; au-dessus, on retrouve la vie gaie, ensoleillée ; ou plutôt : on se reprend à vivre gai, ensoleillé ; car on est seul à vivre, avec ses compagnons de voyage (1). Il n'y a même pas un pic, un glacier qui troue ces blancheurs : le ballon seul et l'immensité !

En avion, le voyage au-dessus de la mer de nuages est une folie. En effet, le vent déporte l'appareil sans aucun repère pour l'aviateur.

(1) Ce n'est pas comme en montagne.

Exemple. — Un officier de marine partit un jour de Mourmelon pour Vincennes en avion et navigua en marin consommé au-dessus de la mer de nuages. Il allait à Vincennes. Tout avait été calculé avec précision, ses appareils parfaitement réglés.

Quand il se crut au-dessus de Vincennes, il piqua dans les nuages, *trouva la fin des nuages avant la terre*..... mais il eut la désagréable surprise de trouver la terre à Rambouillet !

Le vent était de 50 km. à l'heure plus vite qu'il ne croyait (en admettant qu'il l'ait eu dans le dos) !

Exemple. — L'aviateur Bedel, arrivant à Mourmelon, traverse les nuages et compte atterrir en dessous dans l'air pur. Erreur fatale : *les nuages touchaient le sol* ; autrement dit : Mourmelon était dans le brouillard. Il rencontra un fil télégraphique et se tua.

2° CIEL PARSEMÉ DE NUAGES. — Au contraire, dans ce cas, on peut évoluer autour des nuages en tous sens (haut et large).

Exemple. — Le 27 mai 1911 à Pau, j'eus l'honneur, pour la première fois, d'avoir reçu l'ordre de faire un vol de deux heures. Je pars sur un 2 places Blériot et vais vers l'Est, là il y a un orage : je l'y laisse et retourne vers l'aérodrome, 500 m. d'altitude. Oui, mais un coquin de petit nuage me barre la route : un peu de travail et voilà le petit nuage surmonté. Tiens, mais c'est très amusant ; je vais aller voir le gros d'en face. Et ainsi de suite, de nuages en nuages, 600, 700, 1.000, 1.200 m. Ici cela devient féerique. Comme souvent à Pau, les Pyrénées baignent dans le soleil sous un ciel bleu sans nuages, le Gave de Pau s'en va jusqu'à la mer toujours en plein soleil. Sur tout le reste la mer de nuages. Près de moi : des trous, qui seraient des bleus pour des terriens, sont devenus des taches sombres où je retrouve assez de terre *pour toujours savoir au-dessus de quoi je me trouve.*

Cette belle journée est certainement ma plus artistique, ma plus poétique en aviation. (Elle finit par une panne d'essence à Arthez : glorieuse incertitude du turf..... non, pardon : du plein ciel !)

Exemple. — Les photographies ci-jointes ont été prises par le capitaine Leclerc et par M. Mathieu, du *Matin.*

3° BROUILLARD PRODUIT PAR UNE RIVIÈRE, UN ÉTANG, etc... — Le matin, surtout, les rivières, étangs, marais, dégagent des brumes, des brouillards qui sont bien localisés. Celui qui arrive à 1.000 m. d'altitude sur une semblable brume ne court aucun risque.

Exemple. — Allant le 4 septembre d'Etampes à Mourmelon, j'ai trouvé la Seine cachée par une brume de 3 km. de large. Puis, arrivé en vue de Vertus, Avize, j'ai trouvé la brume en-dessous de moi sur les marais des environs. Emergeaient les hauteurs de Vertus et Avize, direction Epernay, formant une île allongée ; puis, plus loin, au sud, le Mont Aimé formant une petite île. J'étais parfaitement repéré, j'avais 1.400 m. d'altitude ; la plus grande largeur de brume était 30 km., la plus petite 5 km. Avec une panne, je pouvais atterrir en air clair. Je passai.

III. — PLUIE

C'est certainement ce que l'aviateur doit le plus craindre tant que les moteurs auront des pannes.

1° Très légère : elle brouille les lunettes, si on les garde ; elle pique les yeux, comme des aiguilles, si on les enlève.

2° Moyenne : les verres se mouillent, on voit mal ; mais on voit.

3° Forte : on voit à travers les lunettes, mais la pluie elle-même cache tout.

En vol, on peut prendre comme direction le cours d'un fleuve, un lac, un grand étang, mais à l'atterrissage, en cas de panne, on voit mal ou pas du tout : *c'est là le danger.* On soupçonne les arbres, trop tard, et on « rentre dedans », on ne voit pas du tout les fils de fer, on ne sait si on atterrit sur de l'herbe ou du blé, etc.....

IV. — GRELE ET NEIGE

Les lunettes se givrent et surtout la grèle et la neige cachent tout. Il est impossible de voir. On ne peut se passer de lunettes car on a l'impression que neige et surtout grêle vont vous crever les yeux. C'est une douleur intolérable.

V. — CHANGEMENTS DE DIRECTION DU VENT D'HEURE EN HEURE, DE JOUR EN JOUR

A Paris, un centre de dépression passant en Belgique, nous remarquerons par exemple :

A 8 h. du matin, un vent venant du sud-ouest;

A midi, un vent venant de l'ouest ;

A 5 h. du soir, un vent venant du nord-ouest ;

C'est-à-dire que le vent aura tourné, il aura passé du sud-ouest, à l'ouest, au nord-ouest. Pour aller du sud-ouest, à l'ouest, au nord-ouest, on tourne dans le sens des aiguilles d'une montre.

1re *Loi. — Les différentes directions du vent se déplacent dans le sens des aiguilles d'une montre* (figure 5).

C'est ce qui a lieu le plus souvent, les dépressions passant le plus souvent au nord de Paris.

Si la dépression passait à Marseille : les différentes directions du vent à Paris, se déplaceraient en sens inverse des aiguilles d'une montre.

VI. — CHANGEMENTS DE DIRECTION DU VENT D'ALTITUDE EN ALTITUDE

Dans les mêmes conditions, à Paris, par exemple, le même jour, à 8 heures du matin :

A terre on aura un vent venant du sud-ouest.

A 500 m. d'altitude un vent venant de l'ouest-sud-ouest.

A 1.500 m. d'altitude un vent venant de l'ouest.

A 3.000 m. d'altitude un vent venant du nord-ouest.

2e *Loi.* — *En montant, les différentes directions du vent se déplacent aussi dans le sens des aiguilles d'une montre* (fig. 6).

3e *Loi.* — *On trouve souvent en montant le vent que l'on aura le lendemain ou le surlendemain à terre.*

Exemple. — Dans le cas ci-dessus :

A 8 h. du matin, à 1.500 m., il y avait le vent qui devait souffler à terre à midi.

A 8 h. du matin, à 3.000 m., il y avait le vent qui devait souffler à terre à 5 h. du soir (fig. 5 et 6).

Remarque. — Ces trois lois visent le cas le plus fréquent où Paris est au sud de la dépression.

VII. — PRÉVISION DU TEMPS

De tout ce qui précède, on conclut qu'il est très difficile de prévoir le temps à longue échéance.

Au contraire, sur un aérodrome où il y a des pilotes et non des écureuils :

1° On peut savoir le vent qu'il faisait la veille ou le matin à 1.000 m. et 2.000 m. d'altitude.

2° En recueillant les renseignements des aérodromes d'où nous vient le vent on peut savoir ce qui arrivera dans quelques heures, en particulier qu'il va arriver un grain (1).

3° Un pilote qui monte et qui marche renseigne son aérodrome deux heures d'avance (il monte, fait 100 km. vent debout, regarde et revient).

Muni de ces renseignements, du bulletin météorologique, des indications du baromètre, on évitera toujours les surprises.

______

(1) Il faut que, le plus tôt possible, les aérodromes et les observatoires aient un réseau télégraphique spécial.

N.-O
5h soir
O
midi
Paris
8h matin
S.-O

Fig. 5

N.-O
à 3000m
O
à 1500m
Paris
à 8h matin
O.-S.-O
à 500m
à terre
S.-O

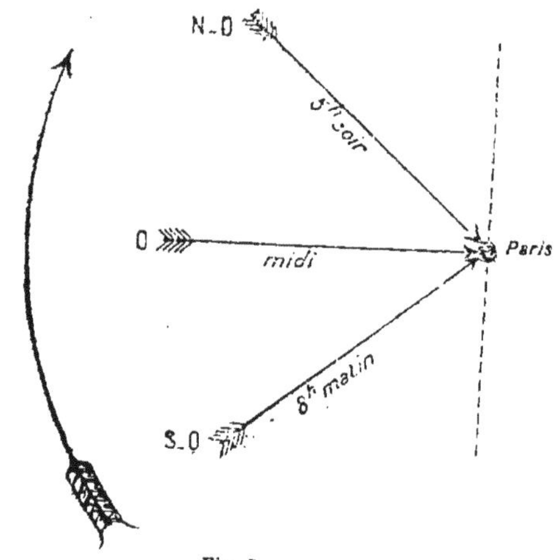

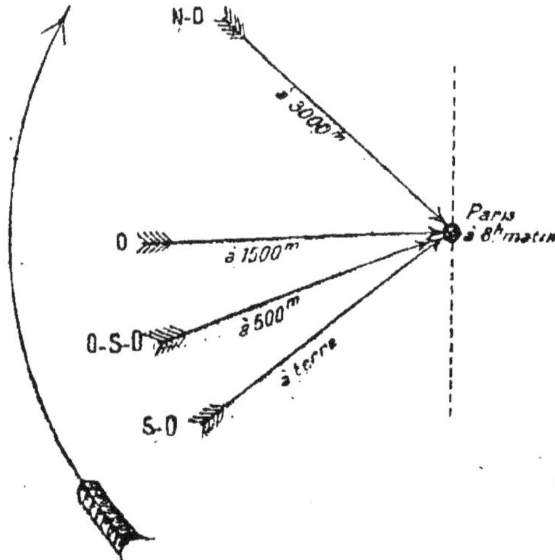

Fig. 6.

Si l'on peut communiquer avec un observatoire météorologique, on profitera de l'aubaine.

MÉTHODE GÉNÉRALE. — Ne voler que dans de l'air clair. Fuir les nuages en passant à côté, surtout s'il pleut dessous; en faisant demi-tour s'il le faut. *Ne pas voler entre une couche de nuages et la terre si l'air libre n'a pas 200 m. d'épaisseur* (à moins d'être sur la Beauce par temps calme).

Faire attention à tout l'horizon par temps couvert. *Quand on est entré dans « le coton » (nuages ou brouillard) faire demi-tour et retourner dans le temps clair* d'où l'on vient (y atterrir au besoin).

On se trouve, en effet, tout à coup dans un nuage plus bas que les autres; si l'on insiste, cela finit mal !

Exemple. — Le capitaine X..., à Pau, a insisté; étant en plein vol, il est entré dans un sapin. Ce sont heureusement l'hélice et le moteur qui ont tout pris : « J'ai fait oh ! dit-il, j'ai pensé : c'est triste de mourir là tout seul !... Long-temps après, je suis revenu à moi en entendant les gens qui étaient venus à mon secours... » Il eut beaucoup de mal à reprendre son assurance et à voler aux altitudes normales, c'est-à-dire aux environs de 1.000 m. (Il s'en dédommagea largement dans la suite en s'adjugeant le record de la hauteur.)

CHAPITRE V

DE L'AIR

I. — REMOUS DE CHALEUR

L'air chaud monte, c'est le principe de la montgolfière.
On voit l'air monter en tremblant au-dessus du fourneau du marchand de gaufres. On voit le même phénomène en grand sur les galets en été, au soleil, au bord de la mer.
On ne le voit pas au-dessus de la mer.

Corps absorbant la chaleur scolaire. — On sait que le noir laisse passer la chaleur ; aussi les terres labourées, l'herbe, se laissent pénétrer par une bonne partie de la chaleur solaire.

Au-dessus de ces terrains l'air est échauffé.

1º Par la chaleur solaire allant vers la terre.

2º Par *une faible partie* de la chaleur solaire qui est renvoyée, reflétée par la terre, par l'herbe, etc...

Le restant de cette chaleur va dans la terre.

L'eau se laisse pénétrer par la chaleur.

1º Une partie de cette chaleur traverse l'eau.

2º Une autre partie sert à fabriquer de la vapeur d'eau.

Au-dessus de l'eau : l'air est chargé de vapeur d'eau et bien moins échauffé que sur l'herbe, sur la terre.

Corps réfléchissant la chaleur solaire. — On sait que le blanc, les surfaces brillantes réfléchissent, renvoient la chaleur ; aussi la marne qui est blanche, la pierre blanche, les roches brillantes ne se laissent pas pénétrer par la chaleur solaire.

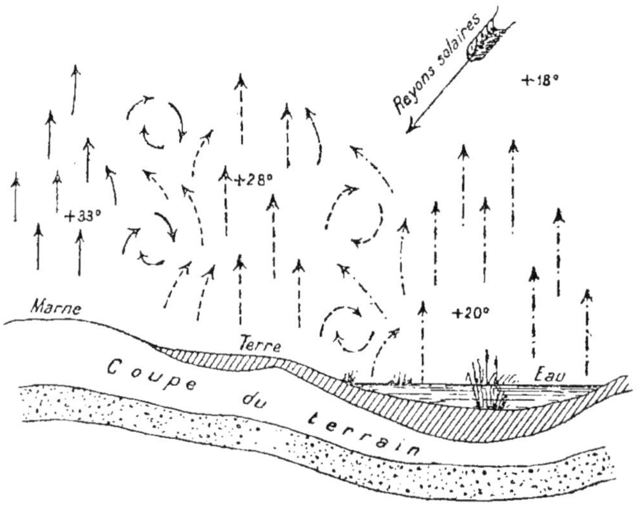

Fig. 7.

Au dessus de ces terrains (fig. 7) les températures de l'air, au soleil, sont les plus grandes. L'air est échauffé :

1º Par la chaleur solaire allant vers la terre ;

2º Par *la plus grande partie* de la chaleur solaire qui est renvoyée par la marne, la pierre blanche, etc.....

1º **Montée de l'air. Courants ascendants verti-caux.** — On voit (fig. 7), que l'air est échauffé ; par exemple, qu'il a : +20º au-dessus de l'eau ;

+28º au-dessus de la terre ;

+33º au-dessus de la marne ;

il se dilate et monte donc un peu pour l'eau, plus pour la terre, et beaucoup et vite pour la marne.

Comme cela fait, sur la figure, 3 courants de vitesse inégale il y a des remous entre eux.

2º Descente de l'air. Courants descendants verticaux. — L'air le moins chaud, celui de l'eau, en montant, se refroidit le premier et rencontrant des régions d'air plus chaud que lui redescend.

Il y a aussi des appels de l'air de l'eau pour remplacer l'air de la terre et celui de la marne. Ensuite ce sera l'air de la terre qui se refroidira et descendra à son tour.

De sorte que non seulement il y a les remous de la figure ; mais il y en a d'autres résultant de ces rencontres de courants ascendants et descendants.

3º Poids de l'air (densité). — De plus, supposons que *l'air de la figure soit immobile*, mais qu'il ait ces températures (20,28 et 33º), il est évident qu'un avion allant de droite à gauche volera successivement

1º dans de l'air assez lourd ;

2º dans de l'air moins lourd ;

3º dans de l'air léger.

S'il vole horizontalement au-dessus de l'eau, quand il passera au-dessus de la terre, cet air moins lourd le portera moins. L'aviateur aura l'impression de chute. De même en passant de l'air au-dessus de la terre à l'air au-dessus de la marne.

Conclusion. — On voit que l'avion peut rencontrer des courants ascendants d'air plus ou moins léger, de vitesses très différentes. Il peut passer d'un courant ascendant à un courant descendant ; il peut, passer d'un air lourd à un air léger, etc...

Vous voyez d'ici le pauvre avion passant à travers tout cela. Il en résulte de véritables coups donnés dans ses toiles : dessus, dessous, sur une aile, sur une autre, etc... On entend des bruits analogues à ceux d'un tambour de basque.

On a un moteur qui emballe ou qui ralentit, on sent son hélice qui tourne à vide ou au contraire qui, brusquement, peine.

Temps. — Les temps de ces divers « coups de tabac » sont exprimés en 1/10 de seconde, c'est-à-dire que deux coups peuvent arriver à 1/10 de seconde d'intervalle.

Exemples. — Le capitaine de Rose qui a beaucoup volé aux heures chaudes, où les remous sont les plus violents, dit : que ce sont les remous de chaleur qui l'ont le plus « secoué ».

Le lieutenant de Montjou rentrant à midi en septembre 1911, à Dun-sur-Meuse, était tellement roulé, faisait de tels bonds, qu'à l'atterrissage les mécaniciens lui dirent : « Oh ! mon lieutenant, on aurait juré un appareil à ailes battantes. » Ce fut son moment le plus dur en avion.

Le vol par les remous de chaleur

Nous allons prendre un temps calme, sans vent, par beau soleil en été. Nous n'aurons ainsi à faire qu'à des mouvements verticaux de l'air. Comme cette étude est très nouvelle, nous partirons des faits observés à bord et nous ferons notre possible pour en expliquer les causes. Puis, nous donnerons les méthodes que notre pratique et celle de nos camarades nous ont suggérées.

Les faits. — Sur nos monoplans en partant du sol nous trouvons quelques mètres sans remous ; puis aussitôt, commence la *danse*, tangage, roulis, descentes brusques, montées, etc...

1er *Fait.* — *De droite à gauche la cloche devient folle.* — Sur la figure 8, les haubans et les commandes sont très simplifiées pour faciliter les explications.

1 ou ACB est un câble qui passe sur une poulie à gorge C.

VEO est un levier mobile autour de O (cloche chez Blériot).

5 ou EB est un câble de gauchissement.

4 ou EA est l'autre câble de gauchissement.

2 ou PD et 3 ou HD câbles fixes.

LP et JH, haubans (ou câbles) fixes.

A terre au repos, 1, 2 et 3 supportent le poids des ailes. La cloche flotte de droite à gauche.

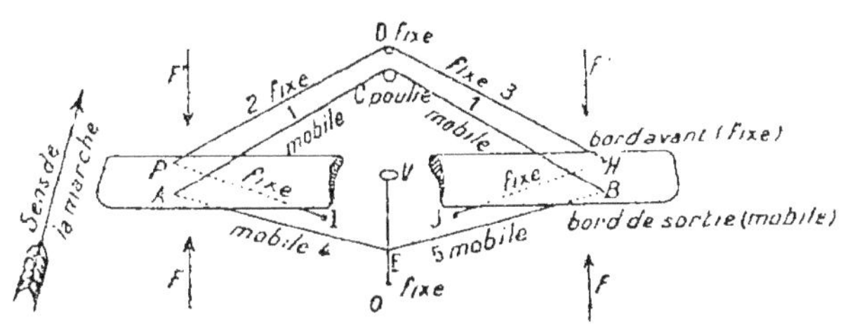

Fig. 8.

Dès que l'on roule, au départ, ces câbles se détendent et les haubans fixes 6 et 7 ainsi que les câbles de gauchissement 4 et 5 se tendent.

1º La cloche est comme calée de droite à gauche.

2º En la poussant en avant, on sent une résistance. En effet (fig. 15), MN est baissé, l'air le frappe en dessous et cela soulève la queue.

Nous voici en vol.

Le fait qui nous occupe est que 4 et 5 *viennent de se détendre.*

Notre cloche qui était calée à droite et à gauche, par une résistance venant des ailes, ne l'est plus. Instinctivement, *nous cherchons* à droite et à gauche *à retrouver* notre *point d'appui.* Les forces FF n'existent plus : il n'y a plus de point d'appui. De nouveau 1, 2 et 3 portent le poids des ailes. Il n'y a plus réaction de l'air sous les ailes, il n'y a plus sustentation.

Eh quoi ! Notre support où est-il ? Il s'en va ; mais où ?

Il y a un *courant vertical descendant tel* (fig. 10) qu'une molécule d'air *m* descend en *m'''* pendant que l'aile KL vient en K'''L'''. Et notre pauvre aile court après les molécules sans jamais les atteindre. De plus, comme l'air fuit : l'appareil descend à plat. Il faut donc (fig. 10 *bis*) que :

$$m \text{ descende en } m'''$$

pendant que :

$$L \text{ vient en descendant en } L'''$$

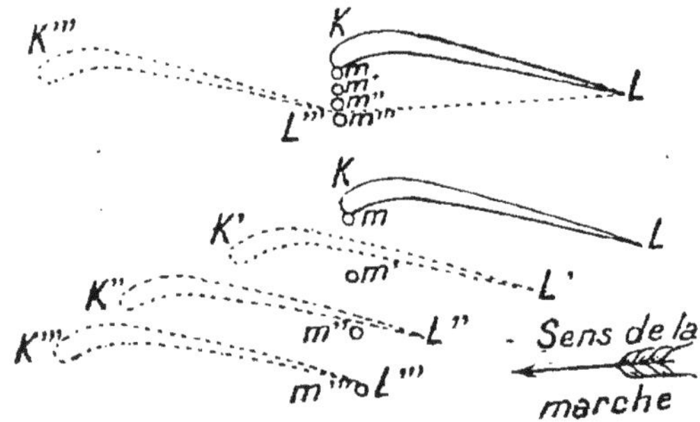

Fig. 10 et 10 bis.

Mais dans ce cas, cela ne dure pas longtemps, et cela n'est pas brutal.

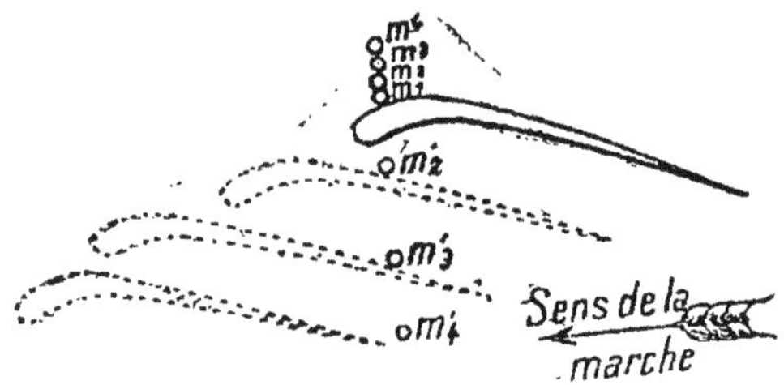

Fig. 11.

Si au contraire le phénomène est exagéré on a :

2e *Fait.* — *Etant à plat l'appareil tombe* (quelques-uns disent de 150 m.) *Le pilote est quelquefois soulevé de son siège* (il a même été *débarqué*. Certains disent qu'ils ont rencontré un trou d'air.)

Puisque le pilote est soulevé, cela prouve que l'appareil descend *plus vite que suivant les lois de la pesanteur.* Il faut par conséquent, qu'il y ait des forces aidant la pesanteur, appuyant de haut en bas suivant F'F² (fig. 8).

Cela prouve, par exemple, que 4 *molécules* DIFFÉRENTES $m1$, $m2$, $m3$, $m4$ descendent assez vite pour frapper successivement le dessus de l'aile (fig. 11).

L'appareil est entré dans *un courant descendant* (de plus de 9 m. 81 à la seconde).

Le pilote en général pique : l'appareil prenant de la vitesse et piquant à l'angle voulu s'établit à un nouveau régime très rapide. (Quand on aura des enregistreurs on trouvera peut-être plus de 200 km. à l'heure). Les molécules rattrapées retendent alors 4 et 5 (fig. 8).

Or, nous avons vu que ces remous de chaleur dépendent en largeur de la cause qui les a produites (fig. 7). Si c'est une grande surface d'eau : ce courant descendant sera large. En général on trouve au contraire vite le bout ; et l'*entrée en vitesse*, sous cette pente dans l'air calme, ou plutôt en général ascendant, est très dangereuse. *Il y a des ruptures d'ailes de bas en haut qui n'ont pas d'autre cause.*

MÉTHODE — *Attendre.* Se mettre aussi peu en descente que possible ; en tout cas : être prêt à pousser la cloche en avant dès l'entrée dans l'air qui soutiendra. Dès qu'on en a pris l'habitude, on sent ce qu'il y a à faire, sans même y penser et l'on agit avec le *moelleux nécessaire* : DE LA SOUPLESSE, TOUT EST LA.

Avis des pilotes. — Le Capitaine Etevé, plusieurs camarades et moi, sommes d'avis de réduire *la puissance du moteur dès que la danse commence.*

Naturellement, il faut peu réduire et surtout *ne pas perdre sa vitesse*, ne pas tomber dans l'excès : l'appareil tangent (1).

____

(1) L'appareil est dit tangent quand il vole juste, cabré, avec peu de vitesse. Il est alors à deux doigts de verser sur une aile ou sur l'autre, ou sur la queue.

Nous donnons comme raisons :

1º Les ailes, ayant *pour l'appareil considéré*, un angle d'attaque (angle des ailes avec le plan des filets d'air) d'autant plus grand que l'appareil va moins vite : on risque moins de s'*engager.*

2º Un commandant de torpilleur diminue sa vitesse par grosses lames pour éviter de tout casser en abordant une lame. De même, pour diminuer les chances de rupture de l'avion il faut réduire la vitesse.

L'avion Blériot XI, Circuit de l'Est, marche à 100 km. à l'heure, l'entrée en vitesse dans certains remous peut le faire travailler comme à 300 km. à l'heure. L'effort des ailes devient alors neuf fois plus grand, en adoptant les théories les plus optimistes et indiscutables.

Remarque. — Les obus passent dans les remous sans chavirer ; mais on ne craint pas ici la rupture, et la vitesse est formidable.

Ceci prouve absolument que s'il y a d'abord de petites vitesses (50 à 100 km à l'heure probablement), où l'inconvénient d'avoir peu de vitesse est compensé et même dépassé, par l'avantage du grand angle d'attaque. Il y a, au contraire, une vitesse au-dessus de laquelle l'avantage de la vitesse n'est plus gêné par l'inconvénient du petit angle d'attaque. A partir de cette vitesse, malgré le petit angle d'attaque, l'avion *construit pour cette vitesse* se rit des remous (il le faut de construction très solide naturellement).

M. Jules Védrines constate donc ce fait au-dessus de 150 km à l'heure. Le 200 km à l'heure lui donnera tout à fait raison.

L'enseigne Conneau dit : « Je réduis si cela danse un peu ; parce que je ne suis plus confortable. Je me laisse bercer. Je monte à la lame.

Au contraire, si cela danse trop, comme je pourrais chavirer, je remets toute la sauce. »

Je conclus :

ACTUELLEMENT *il faut tenir l'air et* POUVOIR ATTERRIR. Nous verrons ce que devient l'appareil vite à l'atterrissage en « mouchoir de poche entouré d'arbres ».

ACTUELLEMENT nous n'avons pas l'appareil qui est bolide en l'air, qui porte 50 kgs par mètre carré et lent à l'atterrissage, portant 22 kgs par mètre carré.

Dans l'état ACTUEL de l'aviation, pour faire du plein ciel, atterrir presque partout, il faut : 22 kgs par mètre carré au plus ; 100 km à l'heure en vol ; 70 km à l'heure au plus à l'atterrissage.

En 1911. Nous, Blériot, avons été les seuls aux manœuvres du 7ᵉ et du 6ᵉ corps et aux manœuvres de cavalerie, à atterrir dans les champs auprès des généraux.

En 1912. Aux manœuvres de cavalerie de Dijon 6 officiers aviateurs de cavalerie ont fait chacun 2 reconnaissances en atterrissant 4 fois chaque jour à côté de leur Division, n'importe où. 4 appareils ont fait ce service sans aucune casse. De même tous les jours de Malherbe et moi aux grandes manœuvres.

Enfin, je suis tout à fait d'avis d'aller assez vite pour que, *toujours,* les commandes agissent avec efficacité ; mais dans ces conditions, d'aller aussi doucement que possible en air agité pour ménager les ailes et éviter l'engagement.

3ᵉ *Fait.* — *La cloche tire quelquefois très fort* (peut-être jusqu'à 40 kgs). *Avion engagé.* Il y a alors une force f qui tire φ en avant (fig. 15), donc une force F qui pousse MN en bas.

Le stabilisateur est alors pris par-dessus ; cela prouve qu'il suit le chemin M,M'..... M^{vi} (fig. 14).

Votre appareil rue et comme il est à 100 km à l'heure, KL passe en K'L' : l'air prend K'L' par dessus. Comme la surface des ailes KL est plus grande que celle du stabilisateur, les forces F' sont plus grandes que les forces f' (fig. 14). D'autre part, ces forces F' agissent en avant des ailes, plus en avant que les forces F de la fig. 8. Il s'ensuit que les poids de l'avion continuant en vertu de la vitesse acquise (1), ils rencontrent les forces F' qui arrêtent l'avant : cela ira rapidement en augmentant, l'avion fait la culbute, *vous être engagé.*

Méthode. — Résister immédiatement et ramener de suite la cloche en arrière ; *il n'y a pas un instant à perdre.* Un 1/10 de seconde perdu, vous ne pourriez plus vous dégager.

C'est la cause de *rupture d'ailes de haut en bas* (1, 2, 3 cèdent d'abord et les longerons ensuite, fig. 8).

Si les ailes ne cèdent pas, c'est la chute irrémédiable, on s'*emboutit dans le sol ou l'on capote en l'air.*

Exemples. — Le Capitaine de Rose s'est arrêté à la position M^{iv}, est descendu ainsi trois cents mètres. Comme le Blériot ainsi engagé à la suite de remous violents (de Rose vole par les plus mauvais temps) se redresse de lui-même, le capitaine de Rose s'est rattrapé.

Le lieutenant Morel pilotant un appareil de construction ou de réglage défectueux a fait le demi-tour complet. Il a constaté que son appareil « marchait les pattes en l'air ». Dans cette peu confortable position il arrivait au-dessus d'une rivière. Il pensa : « Mieux vaut tomber là-dedans qu'ailleurs. » Fort heureusement pour lui, cet avion, instable à l'endroit, se trouva un excellent planeur à l'envers. Ils s'en furent tous deux atterrir presque sans dommage de l'autre côté de la rivière, toujours « les pattes en l'air ».

Remarque. — C'est un *dérapage dans le plan vertical.* C'est le même fait qui se passe dans le plan horizontal pour l'auto qu'un coup de volant, un coup de frein, *a engagée* dans le dérapage.

Cause. — De même qu'un cheval rue, de même un coup de remous a pu soulever MN au début ; mais, en général

---

(1) Les forces d'inertie appliquées au centre de gravité tirent vers la gauche de la figure, les forces F' qui l'emportent sur les forces f' tirant vers la droite, le tout donne un couple piqueur.

c'est KL qui est entré dans un fort courant descendant (ou un remous) : c'est alors l'engagement brusque.

Remarque. — Nous verrons que les courants obliques, les variations de vitesse des courants, les fautes de pilotage, produisent les mêmes effets (sans compter les défauts de construction).

4e *Fait.* — *Le pilote devient plus lourd sur son siège, l'appareil monte.* Les commandes 4 et 5 restent tendues (fig. 8).
Cela débute en général par un cabrage, parce que les ailes sont prises les premières.

MÉTHODE. — La cloche progressivement en avant ; puis une fois à plat *attendre.*
Puisque à plat l'avion monte : vous êtes dans un *courant ascendant.*
Par exemple (fig. 12) : en air calme KL rencontrerait *m*1 *m*2 *m*3 *m*4.
En air ascendant K'L' (fig. 13), rencontre par exemple deux fois plus de molécules.

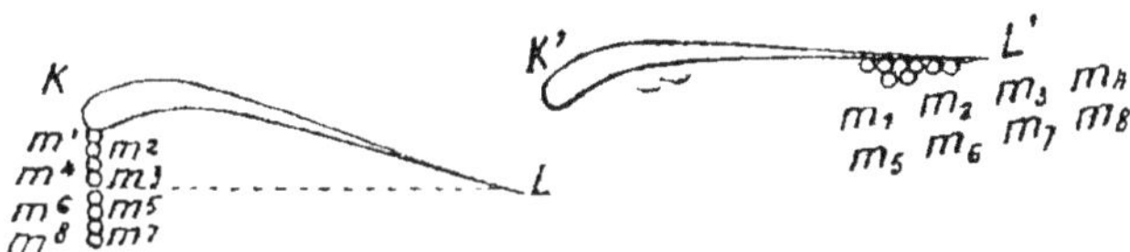

Fig. 12 et 13.

Comme de plus, ces molécules ont chacune un élan (force vive) elles soutiennent l'appareil plus que deux fois plus.
C'est autant d'altitude prise, autant de travail de moins pour le moteur.
Mais naturellement cette charmante existence se termine en entrant dans un courant descendant et ainsi de suite.

Exemple. — J'ai pu, un jour, monter de 800 m. à 1.800 m., mon Gnome tirant si peu qu'il ne vibrait plus. (4 septembre 1911 entre Melun et Avize, vent d'Est.)

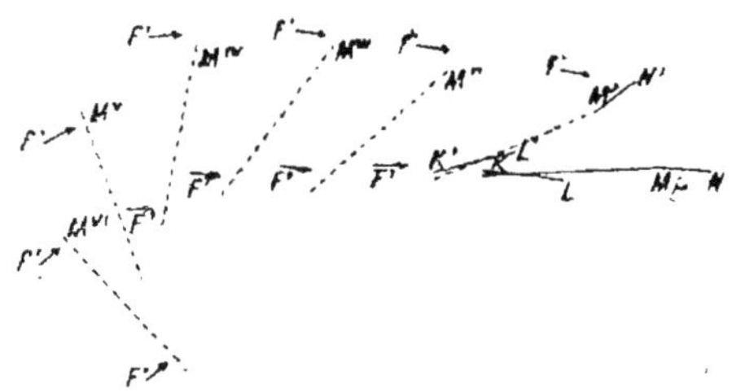

Fig. 14.

5e *Fait.* — Par exemple : *l'aile gauche se trouve tout à coup plus basse que l'autre.*

Il y a par conséquent des forces F plus grandes à droite qu'à gauche : l'air porte plus à droite qu'à gauche (fig. 8).

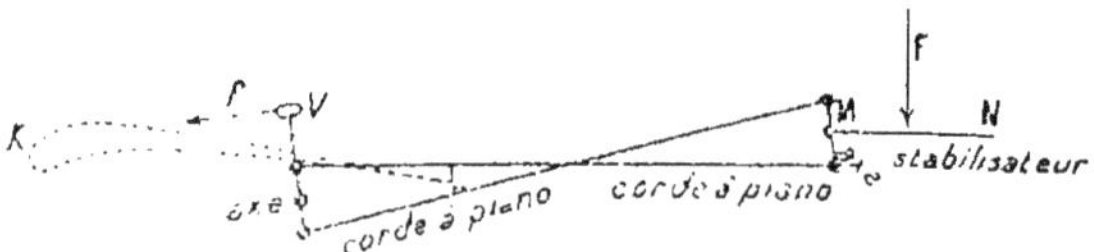

Fig. 15.

Méthode. — Cloche à droite, pied à droite.

Cela vous remet d'aplomb et vous met du même coup en dehors de cette frontière entre deux airs qui ne vous portent pas pareil.

Méthode générale pour les remous de chaleur. — Monter le plus tôt possible assez haut pour ne plus en avoir. Descendre le plus tard possible en évitant les grandes vitesses.

Exemple. — 21 juillet 1911, départ St-Cyr, 4 h. 55 *matin*, pas de nuage, *peu de remous*. Virage à Vernon dans la vallée de la Seine, à 1.200 m. d'altitude pour éviter les remous de la Seine. A 6 h. 22, atterrissage à St-Cyr, *bons remous au-dessous de 700 m.* Départ à 7 h. 8, *bons remous* dès le départ, ils ne *cessent que vers* 1.100 m. Même virage. Retour à St-Cyr à 8 h. 30, très secoué dès la descente surtout à partir de 900 m. Dernier départ à 9 h. 8, *très secoué jusqu'à* 1.400 *m.* Là à peine quelques balancements sur la Seine à Vernon. Atterrissage à St-Cyr, à 10 h. 20, *moins secoué qu'à* 8 h. 30 (brevet militaire n° 18).

Il est rare en été d'être obligé de monter à plus de 1.500 m. pour trouver le calme. En hiver, en plein soleil, c'est souvent à moins de 400 m. que l'on est tranquille.

II. — COURANTS HORIZONTAUX

Nous avons vu que les directions de vent changent d'altitude en altitude.

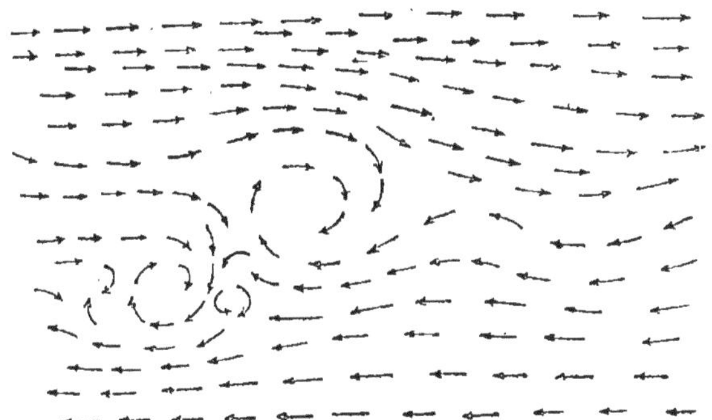

Fig. 16.

On constate souvent que les nuages élevés vont dans un autre sens que les nuages bas.

Exemple. — Le jour du Circuit d'Anjou, pendant que

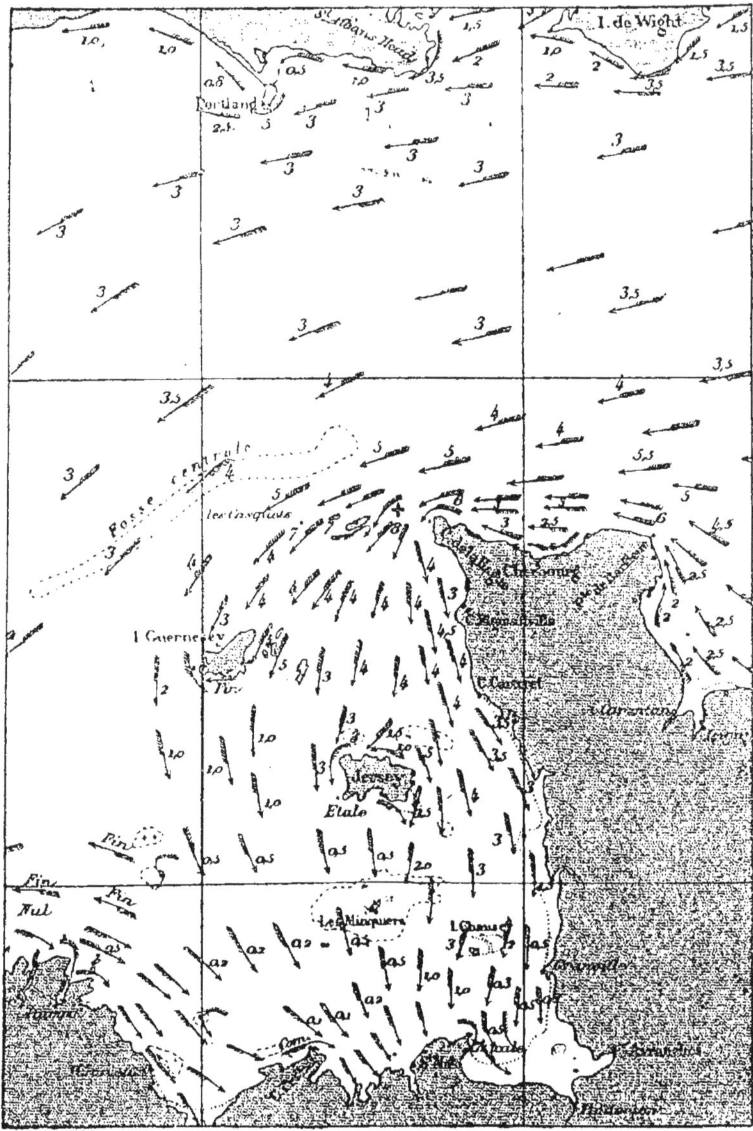

Fig. 17. Carte des courants à l'endroit de la perte du *Vendémiaire*
La vitesse, en nœuds, des courants autour du cap de la Hague, en marée moyenne.
(+) Endroit où s'est perdu le *Vendémiaire*, dans le raz Blanchart.
D'après la carte dressée par M. Hédouin, pilote-major de la flotte.
(Voir le plan-relief, page 49).

Fig. 18.

Carte des environs de Dun-sur-Meuse, d'après la carte au $\frac{1}{80.000^e}$

Garros faisait le bel exploit que l'on sait, il y avait à Paris quatre directions de vent :

A terre, vent d'ouest.
Vers 700 m., vent nord-ouest.
Vers 2.000 m., vent nord-nord-ouest.
Vers 4.000 m. vent nord.
Cela se constatait aux nuages.

REMOUS DUS A CES COURANTS. — On voyait ce jour-là certains nuages se livrer à de nombreux ébats entre ces différents courants. De même, si vous allez au confluent d'une rivière rapide et claire avec un fleuve lent et sale, vous voyez le courant d'eau claire entrer en vitesse dans le courant d'eau sale. Examinez ce qui se passe entre l'eau claire et l'eau sale, il y a de nombreux tourbillons. Vous y verrez les corps flottants tournoyer entre les deux courants.

Vous vous représentez comment sera secoué l'avion évoluant entre deux courants aériens horizontaux (fig. 16).

MÉTHODE. — Ne pas rester entre deux courants.
Chercher les courants de direction favorable.

III. — COURANTS OBLIQUES DUS AUX RELIEFS DU SOL.

Il suffit de regarder ce qui se passe dans une rivière sur le fond ou le long des bords pour comprendre les déviations du vent à la surface du sol.

Exemple. — La carte de Hédouin (fig. 17) montre ce qui se produit en eau de mer à l'endroit fatal au Vendémiaire.

J'ai été frappé de l'analogie avec ce que j'ai observé dans l'air au-dessus de Dun-sur-Meuse (carte, fig. 18).

Le lecteur trouvera l'analogie de relief des deux terrains.

C'est ainsi que j'explique le renforcement de courant d'air autrement dit de vent qui m'a fait faire du sur-place le 15 septembre.

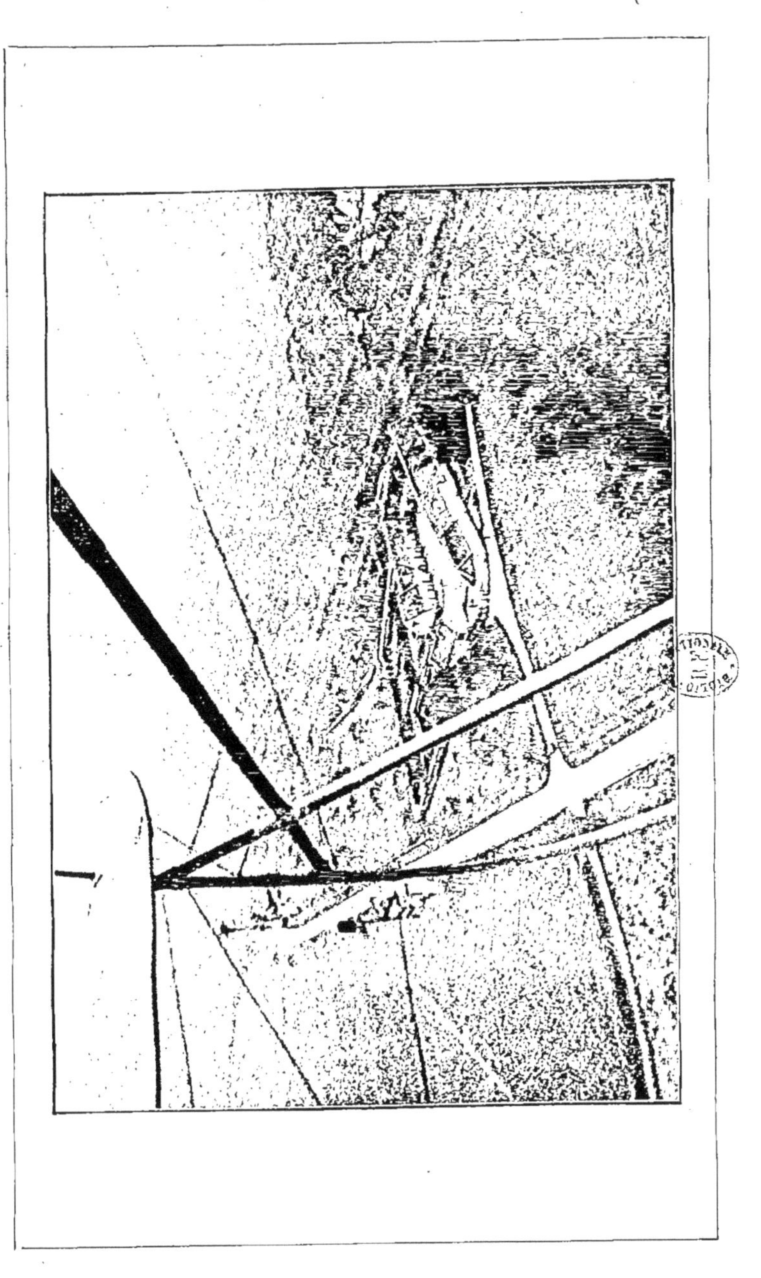

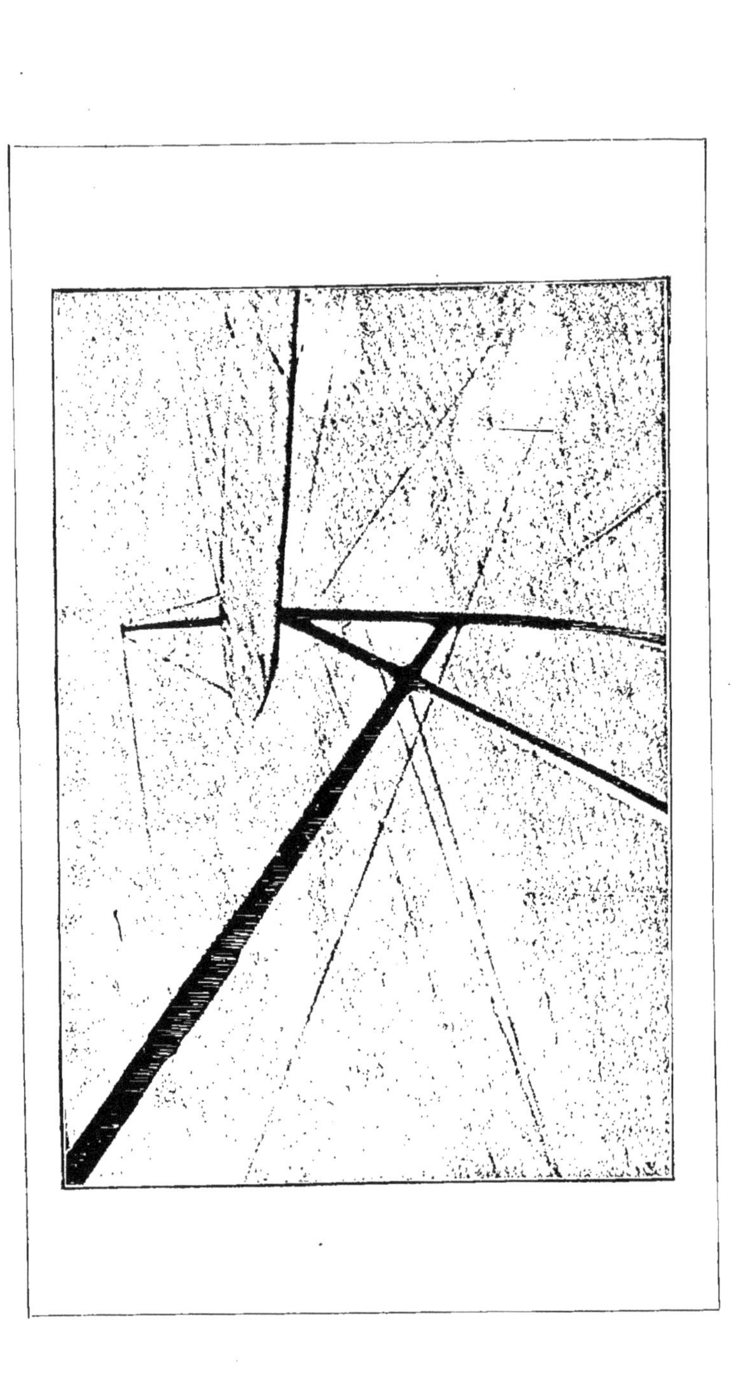

Exemple. —La fig. 19 donne les vitesses de courant mesurées dans un grand fleuve (je n'ai pas le droit de le nommer). Les courbes sont celles d'égal courant (un peu dans le genre des isobares de la météorologie) en mètre par seconde. C'est une coupe du fleuve. Il est droit pendant plusieurs kilomètres aux environs.

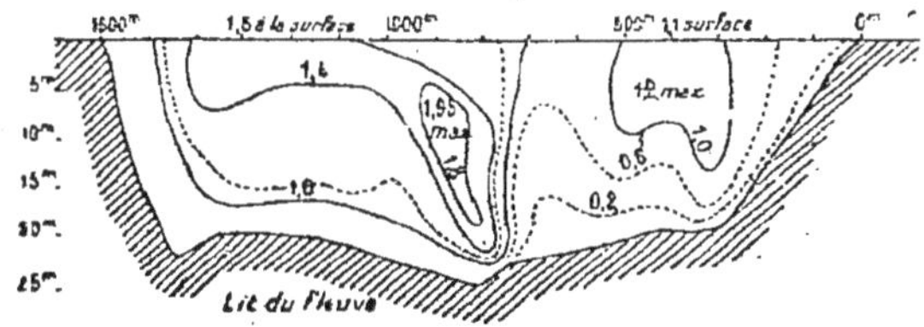

Fig. 19.

On observe dans l'air dans une vallée les mêmes ralentissements ou renforcements de courants.

Ces déviations sont représentées en plan horizontal dans la carte de Hédouin, en plan vertical dans la coupe du fleuve. Naturellement il y a des dérivations en tous sens, dans l'espace :

Fig. 20.

Allons un jour de grand vent et de poussière voir ce qui se passe autour d'un petit bois isolé, touffu et bien rond. Nous voyons que poussière, feuilles et papiers passent à droite, à gauche, au-dessus, puis vont se rejoindre de l'autre côté (fig. 20).

Nous aurons donc toutes sortes de courants à la surface du sol, contournant les obstacles, épousant les reliefs, rappelant les rivières, les couches géologiques non déplacées (fig. 21).

1º VENT ASCENDANT DEBOUT. — C'est le cas de l'avion 5 (fig. 21).

Fait. — *La cloche pousse.*

MÉTHODE. — En poussant on arrive à *mettre l'avion dans le lit du vent* (parallèle aux filets d'air).

2º VENT ASCENDANT ARRIÈRE. — C'est le cas de l'avion 4 (fig. 21).

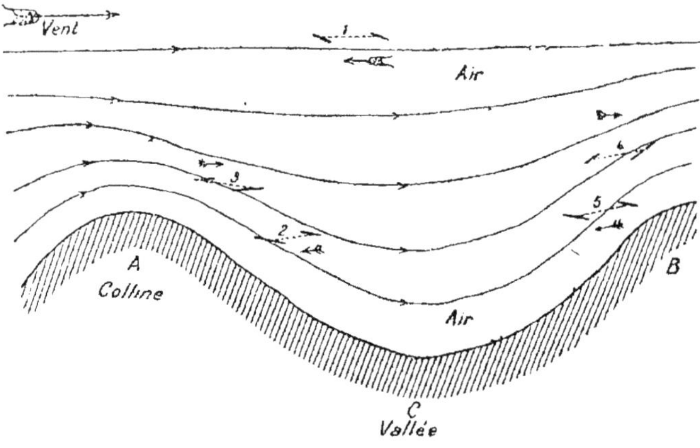

Fig. 21.

Fait. — *La cloche tire comme lorsque le moteur faiblit.* Vous perdez votre vitesse comme lorsque vous avez cabré pendant l'apprentissage.

MÉTHODE. — Piquez, donc cédez à la cloche de façon à reprendre votre vitesse.

3º VENT DESCENDANT DEBOUT. — C'est le cas de l'avion 2 (fig. 21).

Fait. — La cloche tire de plus en plus ; en cédant, on sent de suite qu'on a tort et on tire instinctivement, immédiatement.

Méthode. — On tire jusqu'à ce que l'action de la cloche redevienne normale.

On est alors dans le lit du vent.

Remarque. — C'était l'avion qui *s'engageait* ou plutôt *qui était engagé par ce vent descendant debout.*

4º Vent descendant arrière. — C'est le cas de l'avion 3 (fig. 21).

Fait. — *La cloche tire, la cloche devient folle de droite à gauche, le pilote s'allège sur son siège.*

Méthode. — En cédant on sent qu'on a raison, la cloche tire de moins en moins et de nouveau elle se trouve calée de droite à gauche, le gauchissement recommence à agir.

Ouf ! Il est tout naturel que tout cela paraisse confus, passons à la pratique.

Conclusion. — Le vent soufflant comme sur la figure 21, l'avion 5 *sait qu'il a le vent dans le nez.* Il le sait parce que « ça n'avance pas ».

Tel le monsieur en montagne russe. Il descend dans la vallée pour remonter sur la colline d'en face (fig. 21, avions 5 et 2).

La cloche lui indique ce qu'il a à faire.

L'avion 3 *sait qu'il a le vent dans le dos.* Il le sait parce qu'il trouve « que ça avance ».

Aussi, doit-il s'attendre à être rabattu dans la vallée. Lui aussi fait les montagnes russes.

Le tout est de ne pas les faire jusqu'au sol.

Méthode. — *Vent dans le nez ; on peut voler bas, si les nuages y obligent.*

Vent dans le dos, il ne faut jamais voler bas.

A quelle altitude maxima se font sentir ces courants obliques dûs aux reliefs du sol ?

(Fig. 21). On voit que l'avion 1 a le vent horizontal.

Exemple. — Le 15 septembre, dans la région Verdun, Clermont-en-Argonne, Dun-sur-Meuse, Lelièvre et moi avons observé entre 700 et 900 m. C'est à cette altitude qu'il nous a fallu monter pour n'être pas trop secoués.

Naturellement, nous avions une forte dérive.

Pour observer, ce vent était très pratique. Vent dans le nez, on avait l'impression presque du sur-place. On inspectait à loisir.

Par exemple, une fois la chose vue, si l'on s'en retournait, comme c'était à des allures de l'ordre de grandeur de 95 km + 70 km et avec des dérives sensationnelles, on se perdait facilement pendant un instant. On avait au-dessous de soi un terrain situé bien plus loin que celui que l'on croyait « survoler ».

IV. — COURANTS OBLIQUES
DUS AUX PHÉNOMÈNES GÉNÉRAUX

Pour mémoire, nous citons ces courants que l'aviateur remarque peu et qui ne le gênent pas.

Les pressions et les dépressions agissent sur l'air qui entoure la terre (c'est l'inverse qui est vrai, puisque ce sont les mouvements de l'air qui créent ces centres). Il est évident que le centre de pression envoie de l'air au centre de dépression.

Quelles sont les lois de formation de ces centres ? autant chercher des lois de formation et des règles pour les tourbillons des rivières propres et sales de notre exemple **pour** les remous.

Ce qui est certain c'est que si un centre de pression est à 1.000 m. d'altitude et le centre de dépression voisin au ras du sol, cela créera un courant descendant.

Les courants horizontaux peuvent, en se rencontrant, passer les uns au-dessus des autres et devenir ainsi obliques.

Fait. — L'aviateur constatera dans certains voyages que son moteur donne bien, qu'il a usé peu d'essence. Dans d'autres, au contraire, il sera navré et accusera son malheureux moteur et M. Séguin !

Certains jours, cela a du mal à monter, d'autres, au con-. traire, cela monte tout seul.

Exemple. — J'ai ainsi pris de la hauteur certains jours avec un Gnôme qui ne vibrait plus (mettons 900 tours).

Méthode. — Ayez un vrai compte-tour, du genre du Tel qui vous dira exactement ce que donne le moteur. Rejetez les compte-tours à courroie, à indications quelconques. Il faut une liaison mécanique, une minuterie et vous aurez ainsi un compte-tours qui dira 1200 tours quand le moteur aura une vitesse de 1200 tours à la minute.

V. — ELECTRICITÉ ET INCONNUES

Enfin, aux préludes d'un orage, souvent une heure d'a-vance et même plus, l'air devient odieux à tenir.

C'est le moment de remiser au plus vite.

La caractéristique des remous à ce moment est qu'ils sont brusques et très courts. Nous dirons que ce sont des remous *très vites* ! Ici on a à faire à des attaques de l'air de l'ordre du 1/10 de seconde.

Ce sont les ruades et les cabrades du cheval très vite, du jeune roublard déjà très expérimenté.

Tout ici est mystère : électricité peut-être, rayons extra-ordinaires, radiations genre T. S. F. ou autres ?

En tous cas: arbres abattus, hangars renversés, etc..., sûrement.

VI. — ENGAGER

Nous avons été frappés de la crainte respectueuse que ce verbe inspire aux stagiaires (officiers désignés pour l'aviation, recevant d'abord « la bonne parole » à Versailles avant de se lancer « dans ce sport terrible » « dans ce sport homicide ».)

1° LES APPAREILS QUI S'ENGAGENT. — *Définition*. —
Je dis qu'une surface AB est engagée quand les actions
de l'air sont telles qu'elle tend à faire la culbute en avant
(On dit qu'elle est prise par dessus, par les filets d'air).

*Définition. — Je dis qu'un avion est un appareil qui
s'engage par construction* (par défaut de construction)
quand il ne demande qu'à s'engager.

Il est possible en effet, de disposer des plans, masses
(poids) et leurs emplacements d'une manière telle que le
vol devienne une acrobatie.

Dans ces conditions, le moindre remous, malgré l'adresse
du pilote fera commencer le *piquage*. Le défaut de construction fera que ce début de piquage sera immédiatement
suivi de la culbute en avant.

Le défaut de construction universellement reconnu
est celui d'avoir, par exemple, fig. 22, les ailes AB ayant
6° d'incidence et le stabilisateur CE PARTIE FIXE avec 6°
ou plus de 6° d'incidence.

Il vaut mieux avoir du V *longitudinal* (KCN fig. 22)
c'est-à-dire ce que l'on a au Blériot XI Circuit de l'Est :
les ailes AB ayant 6 à 8° et le stabilisateur CE PARTIE
FIXE, 2 à 3°.

Plus il y a de V longitudinal, moins l'appareil risque de
s'engager. Les queues non portantes, à ce point de vue,
sont donc favorables. Par contre, nous verrons *qu'elles
empêchent de cabrer*, donc de *freiner sur l'air* à l'atterrissage.

Moins il y a d'incidence aux ailes, plus on risque de s'engager par faute de pilotage, par faute de courant descendant debout, par faute de remous.

D'autre part, moins on a d'incidence, plus on va vite ; et
plus on va vite, moins on risque d'être engagé *par des
remous.*

CONCLUSION. — Le technicien qui n'a pas volé, en ce
problème complexe voit une, deux, quelquefois beaucoup
de conditions du problème. Pour peu qu'il en ait oublié
une, il échafaude une charge à fond contre l'appareil X et

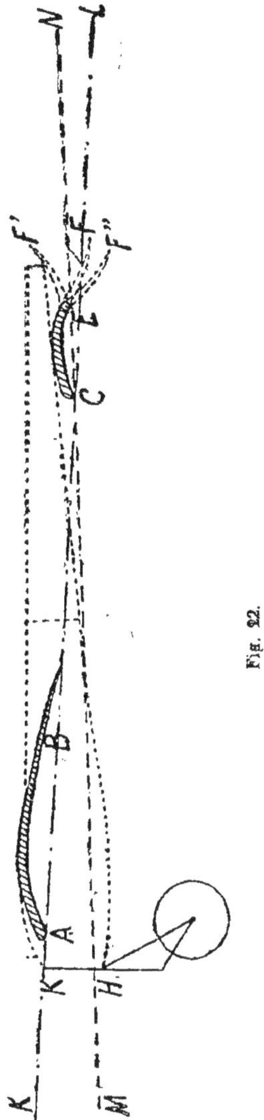

Fig. 22.

prouve par A+B que l'appareil X ne vaut rien, que l'appareil Y est parfait.

Nous, praticiens, nous volons et en une saison nous tranchons pour X ou pour Y en faisant de 8.000 à 10.000 km. à travers la campagne de ville à ville, par tous les temps, à jour et à heure fixes (en 1911, je citerai : Capitaines Bellanger, Echeman, de Rose, Clavenad; lieutenants Princeteau, Chevreau, de Malherbe, Ducourneau, Lelièvre, Gouin, sur Blériot ; Lieutenants Ménard et Blard, sur H. Farman ; Lieutenant de Briey, sur Déperdussin ; Lieutenants Migaud et Gourlez sur Bréguet ; Capitaine Leclerc, Lieutenants Battini et Varcin sur M. Farman et j'en oublie certainement qui ont dépassé les 8.000 km.).

Stabilité. — Nous qui volons et *volons pour de bon,* demandons peu de V *longitudinal,* mais *un peu.*

De même, nous réglons notre profondeur (cloche, levier, etc...) de façon à ce qu'elle pousse légèrement dans la main (voir plus haut stabilisateur).

Stabilité automatique. — Nous sommes sûrs de nous comme à bicyclette et aucun de nous ne demande des stabilisateurs automatiques parce que nous sentons que ce que fait notre cerveau, une machine idéale LE FERA PEUT-ÊTRE 9 FOIS SUR 10, MAIS NE LE FERA PAS LA 10e.

Exemple. — Pour progresser sur roues, l'homme fit la « draisienne », vint ensuite le grand bicycle en bois, vint alors un malin qui inventa la stabilité automatique ! Il accoucha du tricycle et les ronds de cuir se précipitèrent là-dessus et ensuite de là-dessus à qui mieux mieux par terre.

Actuellement les ronds de cuir pur-sang sont en voiture et ceux tant soit peu sport sont en équilibre instable sur « la bicyclette ».

Eh ! bien, je vais bien vous étonner, ô cyclistes ! mes frères : il paraît que toutes les fois que vous êtes sur cet instrument dangereux, vous êtes préoccupés uniquement de garder votre équilibre (il est évident que quand on a cette mentalité, on rêve de stabilité automatique !...).

2º Pilotes qui engagent leur avion. — *Exemple.* — *Mon premier vol plané, moteur arrêté.* Je m'étais décidé à couper, puis à atterrir en vol plané. M. Colin (professeur) m'avait bien dit : « Surtout, ne perdez jamais votre vitesse » Aussi je me disais avant de couper : « Tu coupes, immédiatement, *pour ne pas perdre ta vitesse, tu piques.* » — Je coupe : *bon coup de cloche en avant,* oh ! mais là un sérieux, *immédiatement* je pique une tête, l'appareil se met presque vertical, je reprends mon assiette, je tire *immédiatement* de toutes mes forces sur la cloche qui tire comme une brute. Cela rend ; je me redresse. Je certifie que depuis le moment où j'ai coupé jusqu'au moment où j'ai redressé il ne s'est pas passé 3" (plutôt 2" que 3").

Or, c'était un Anzani ; avec un Gnome, je n'aurais pas eu la force pour tirer : *car j'ai mis toute ma force à 2 mains.*

Définition. — Je dis qu'un pilote a engagé son avion quand poussant brusquement la cloche (ou levier) en avant, il a, par cette manœuvre brutale, fait ruer son appareil et l'a ainsi engagé (fig. 14).

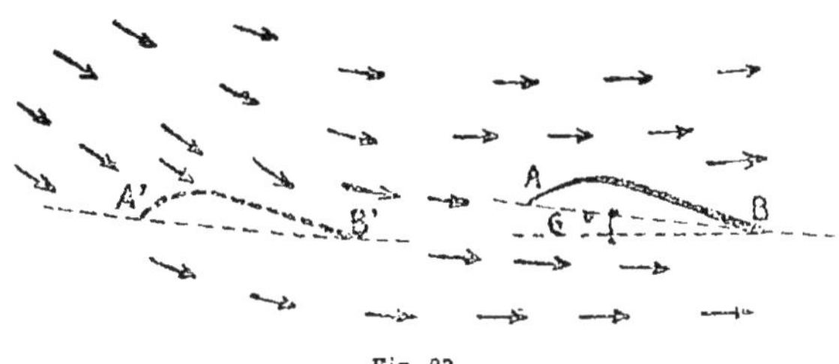

Fig. 23.

3º Phénomènes météorologiques qui engagent les avions.

a) *Courant descendant debout* (fig. 23), on comprend que l'avion AB arrivant en A'B' aura son aile prise par dessus.

b) *Remous abaissant l'avant* (fig. 24 et 24 *bis*).

c) *Remous soulevant l'arrière* (fig. 25 et 25 *bis*), dans ces 2 cas (*b* et *c*), le remous imprime à l'avion une rotation dans le sens du piquage et l'avion fait la culbute (fig. 14).

EN PLEIN CIEL

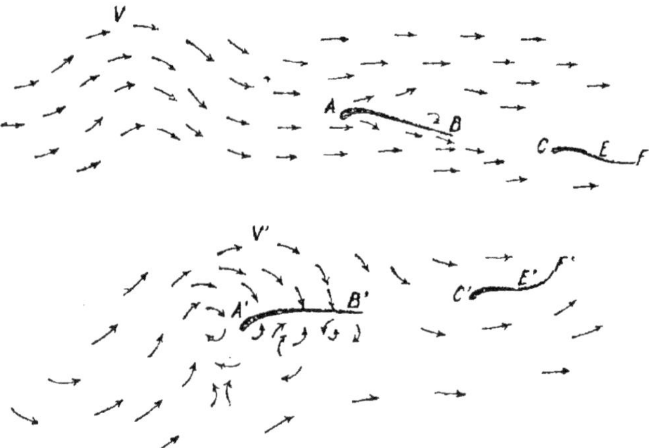

Fig. 24 et 24 bis.

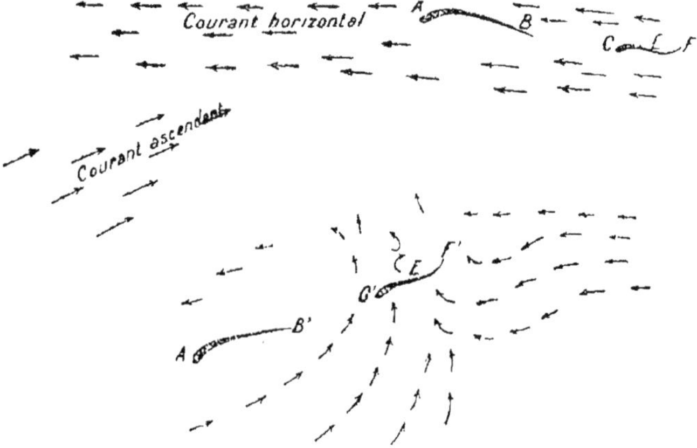

Fig. 25 et 25 bis.

Faits concernant l'engagement

1er *Fait.* — Le Capitaine de Rose a fait à la suite d'un remous une descente verticale (l'appareil *en cheminée*) de 300 m. Il avait beau chercher avec sa cloche un point d'appui en avant et en arrière, il ne trouvait rien. Il avait un stabilisateur Circuit de l'Est (fig. 26). Enfin, il retrouva de la prise sur l'air et redressa l'appareil.

Je pense que cela prouve qu'au delà de 100 km. à l'heure, le plan fixe d'un tel stabilisateur fait des remous, un vide partiel.

Dans ce vide partiel, le plan mobile n'a plus d'action (fig. 26).

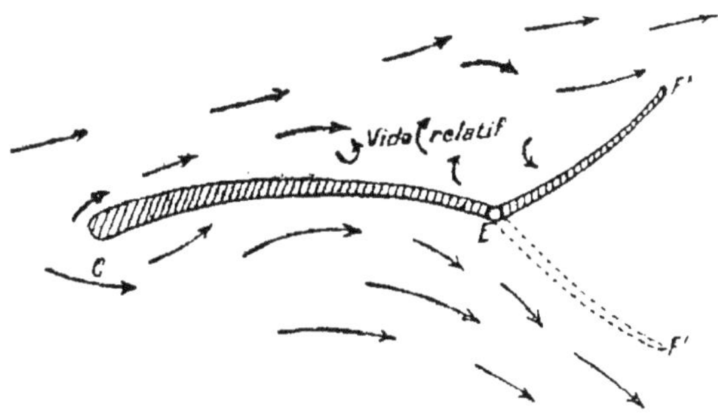

Fig. 26.

Enfin au-delà d'une certaine vitesse plus grande encore (après 300 m. de chute) :

1° ou bien, de nouveau, il y a des filets d'air qui frappent le bout F' ;

2° ou bien l'action de l'air sur les ailes est telle que l'appareil se redresse.

2e *Fait.* — Le stabilisateur fatal à Echemann *avait la partie fixe CE encore plus grande.* Trois fois il s'est mis en cheminée, se redressant les deux premières, arrivant au sol la troisième (on avait voulu réduire l'envergure en augmentant la profondeur, pour que l'avion rentre dans les roulottes).

C'est un remous qui l'a mis en cheminée la première fois. Je pense que plus CE est grand par rapport à EF, plus EF travaille dans des remous. Je pense que, dans ces conditions, Echemann a redressé une première fois comme de Rose. Mais, de même que l'auto qui fait un écart à grande vitesse, est difficile à remettre en ligne droite, de même, dis-je, en vertu de la vitesse acquise, il a dû repousser la cloche pour ne pas cabrer (1). Et cela deux fois. Si il avait eu le stabilisateur Circuit de l'Est et surtout si il avait été plus haut, il se serait rattrapé.

Fig. 27.

3ᵉ *Fait.* — Des monoplans à stabilisateurs dont la partie mobile n'est pas derrière la partie fixe, mais à côté, ont fait la descente en cheminée.

Je trouve que cela prouve (fig. 27) qu'alors, tout le sta-

(1) J'ai eu ce phénomène à la suite de retours aux carburateurs : 2 Juin 1910 panne à Saint-Saviol. Le moteur reprenait étant en vol plané, emballait, je cabrais et la cloche poussant à fond il me fallait réduire.

bilisateur travaille dans les remous, dans le vide relatif provoqué par les ailes.

Conclusion. — Il est possible de construire des avions qui s'engagent par construction.

Il est possible de construire des avions qui ne s'engagent pas par construction.

Il faut encore ne pas les mal régler, et par conséquent, ne pas toucher au travail des vieux pilotes compétents, sans les consulter.

Un bon avion bien construit, bien réglé peut être engagé :

1º Par faute de pilotage (coup de cloche brusque en avant).

2º Par un vent descendant debout.

3º Par des remous soulevant la queue, par des remous baissant l'avant.

Dans ces conditions :

1er *Cas.* — Si la stabilisateur a une partie fixe devant une partie mobile : il y a des conditions dans lesquelles la partie mobile n'a plus d'action.

Et cela d'autant plus que la partie fixe a plus de profondeur et que la partie mobile en a moins.

2e *Cas.* — Si tout le stabilisateur travaille dans les remous des ailes il y a des conditions dans lesquelles il n'a plus d'action.

Méthode générale. — Si, brusquement, la cloche tire toujours l'avion pique : résister IMMÉDIATEMENT et ramener la cloche en arrière.

Méthode générale pour tenir l'air

Nous supposons l'appareil réglé comme nous avons dit.

Les commandes sont *très douces*, réversibles, et elles n'ont *aucun jeu.*

Dans ces conditions, nous sentons les moindres variations de poussée : sur les ailes, de côté, sur le gouvernail des deux côtés, sur le plan mobile du stabilisateur et dessous.

Nous sommes au centre de gravité du système. Nous vivons là au cœur de la bête et cabrons quand elle cabre, ruons quand elle rue. Si nous étions en arrière quand elle rue, nous ferions une ascension, quand elle se cabre nous ferions une belle descente : *cela nous empêcherait de comprendre.*

Par temps calme, en vol horizontal, notre Gnôme tournant à 1200 tours notre cloche pousse légèrement dans la main (vers le pilote). Dans ces conditions en regardant le baromètre on ne monte ni ne descend. Admettons que la cloche pousse avec une force de 1 kg.

Nous résistons à toutes ses actions pour toujours l'amener à pousser bien droit vers nous avec la force de 1 kg.

1er *Cas.* — *La cloche tire.* Mais que se passe-t-il ? Les commandes deviennent molles très progressivement, la cloche ne pousse plus, puis elle tire légèrement si vous RESTEZ A PLAT. Tout simplement vous perdez votre vitesse. Cédez à votre cloche qui vous montre le bon chemin : la *descente.*

2e *Cas.* Au contraire, brutalement, la cloche tire dans la main, vous sentez bien qu'il ne faut pas lui laisser faire

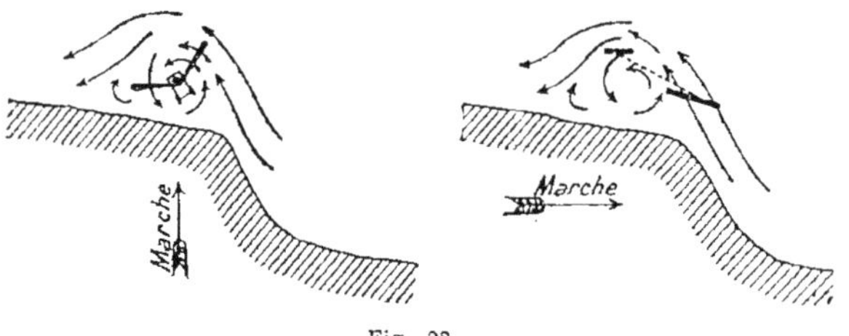

Fig. 28.

cette incartade et surtout vous piquez sans le vouloir. Enfin le moteur tire toujours plutôt trop, il emballe. RÉAGISSEZ IMMÉDIATEMENT.

Personne ne s'y trompe, on ne peut prendre le 2e cas pour le 1er.

Action du pied. — Elle vient toujours au secours de la cloche.

Le Blériot XI Circuit de l'Est se redresse au pied (mieux qu'à la cloche). C'est un énorme avantage.

Exemple. — On voit figure 28 que si « un révolin », comme dit M. Rep (1), empoigne le Blériot par l'aile droite, les réflexes de son pilote le mettent en 2/10 à 3/10 de seconde en excellente posture. Il n'y a qu'un appareil sans toile derrière, ou à queue entoilée très plate qui le permette. Il faut encore qu'il ait peu de ballant. Il faut aussi qu'un coup de gouvernail le redresse tout en le mettant le nez au vent.

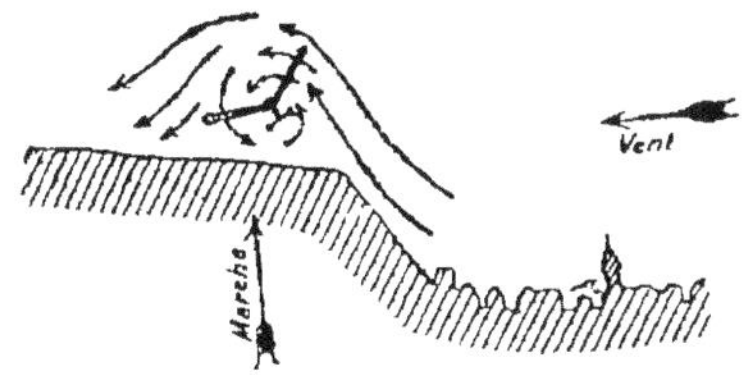

Fig. 29.

La figure 29 montre comment Amérigo a été « retourné » à Liège en 1911.

La figure 28 montre ce qu'aurait fait un Blériot XI circuit de l'Est.

Preuves. — Nieuport, le 15 septembre, à Verdun, a été « retourné » et s'est tué. Lelièvre et moi avons volé ce matin-là dans cette région (Verdun, Clermont, Dun) et n'avons pas été retournés.

Nous en avons des quantité d'autres, dont j'ai déjà cité quelques-unes. Les performances publiques montrent que notre petit oiseau est bien l'oiseau de la tempête.

Il est dans la bonne voie.

_____

(1) Voir *quelques renseignements pratiques sur l'aviation* par M. Robert Esnault-Pelterie. Un vol. Librairie aéronautique.

INDICATEURS DE VITESSE. — Ce réglage parfait, ce pilotage qui fait *que vous sentez votre avion comme un fin cavalier sent son cheval* CONSTITUENT LE MEILLEUR INDICATEUR DE VITESSE AGISSANT PAR RÉFLEXES EN 2/10 A 3/10 DE SECONDE.

Dans ces conditions :

1° *Si la vitesse se perd*, la cloche tire, les commandes deviennent molles, *par réflexe* : vous laissez aller à la descente.

2° *Si la vitesse augmente*, la cloche pousse, *par reflexe* : vous résistez, vous réagissez et si cela dure, vous ralentissez le moteur. Ici les commandes deviennent dures et très efficaces.

En vol plané, ayant choisi une pente de descente, vous faites de même en agissant sur le moteur.

(En vol plané n'ayant pas de pente obligatoire, vous pourriez à la rigueur laisser faire la cloche un peu. Cela vous ferait descendre sous une pente plus faible.)

Le pilote réagit donc en toutes circonstances par réflexes de l'ordre de 1/10 de seconde, tandis qu'avec un indicateur de vitesse (où il faut lire l'indication), il faut :

1° Action de l'air sur l'appareil	1/10 de seconde
2° Mouvement de l'indicateur	1/10 de seconde
3° Vision de l'aviateur	1/10 de seconde
4° Transmission au cerveau	1/10 de seconde
5° Décision après raisonnement	1/10 de seconde
6° Transmission aux membres et exécution	1/10 de seconde
Total :	5/10 à 6/10 de seconde.

Par la cloche : 3/10 au plus.
Par l'indicateur : 5/10 au moins.

Exemple. — Le Lieutenant de vaisseau de l'Escaille se trouve en difficulté en plein brouillard près de Mourmelon. Il ne sait plus s'il est cabré ou piqué, il a quelques dizaine de minutes d'angoisse. Au retour à Villacoublay,

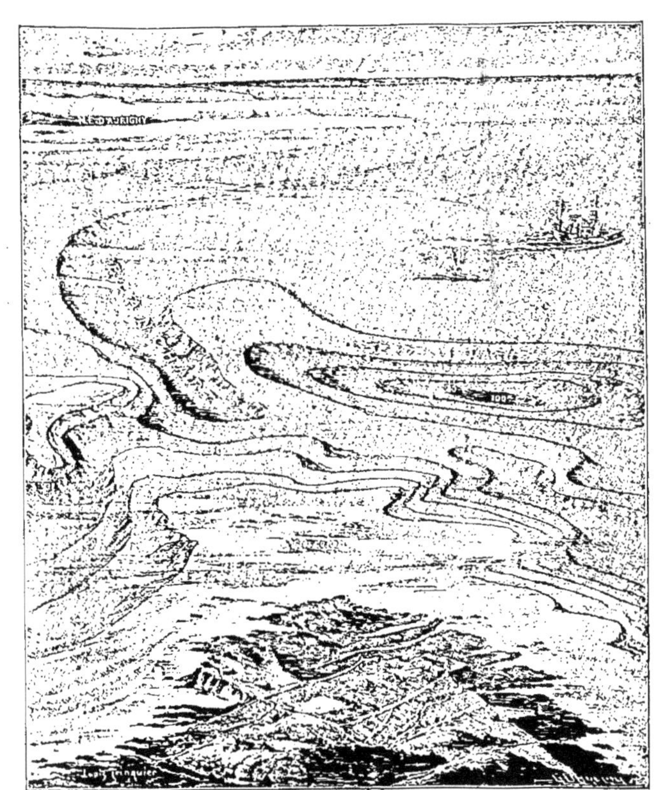

LE CAP DE LA HAGUE
lieu de la perte du " Vendémiaire "
Plan relief publié dans l'*Illustration*.

(Voir la carte marine page 58)

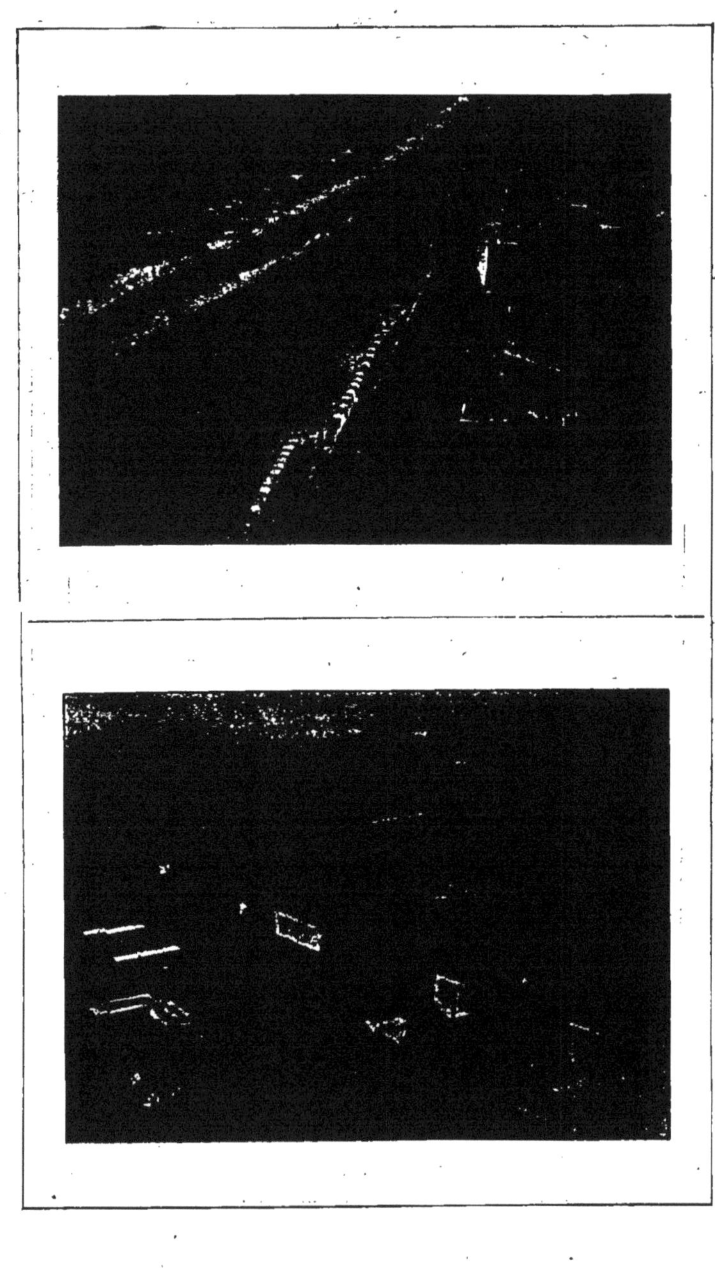

il me raconte cela à l'atterrissage. Je constate qu'il a les indicateurs de vitesse réglementaires, alors je lui demande pourquoi il n'y a pas pensé ?

« J'avais bien autre chose à penser ».

Cela c'est de la pratique. *L'instinct commande de ne pas perdre les 1/10ᵉ de seconde énoncés ci-dessus.*

Remarque. — Malgré cela, pour fixer un peu le malheureux débutant, les indicateurs de vitesse sont très utiles. Ils évitent l'accident dû à une perte de vitesse, celui dû à une vitesse trop grande, et les chutes en dedans du virage, MAIS ILS NE SONT INFAILLIBLES QU'EN AIR CALME.

CHAPITRE VI

———

ACCESSOIRES

———

I. ACCESSOIRES DU MOTEUR

1º Niveaux d'essence et d'huile. — Il faut qu'ils soient solidement établis pour qu'aucune panne ne vienne d'eux.

Il faut que la lecture en soit très facile en tous temps.

2º Capot. — Il faut qu'il empêche la moindre goutte d'huile de voler sur le pilote ou sur son matériel.

3º Cloches a huile. — Il faut que la circulation d'huile donne une vérification très visible au pilote. Les deux cloches du Gnôme sont parfaites.

Si l'une casse en route, il suffit de fermer son robinet. D'où la nécessité de robinets.

4º Compte-tours. — Il faut un compte-tours donnant toujours exactement le nombre de tours du moteur. Pas de courroies, mais des engrenages, de l'horlogerie et de la mécanique.

5° Départ automatique. — La maison Gnôme est dans la bonne voie, son système pèse 40 gr. et le pilote le met en marche de son siège.

6° Seringue pour mise en route. — Actuellement, il faut mettre un dé d'essence sur chaque bougie ; mais bientôt, on aura le moyen de se passer de cette seringue pour partir. Il est pratique de l'arrimer de façon à la prendre facilement. On prend de l'essence par la bonde d'un réservoir. Il lui faut par conséquent un grand bec, il le faut courbe pour aller facilement dans les cylindres, sur les bougies.

II. ACCESSOIRES DE L'AVION

1° Départ. — On nomme ainsi un crochet commandé par le pilote au moyen d'un câble fin.

Au moyen d'un bout de corde à piano ou mieux de cordelette et d'un piquet on se fixe ainsi au sol.

Cela remplace les aides. Personne ne tient l'avion au départ. Au lieu de lever la main, on tire sur le câble et..... parti.

2° Trousse d'outillage. — On peut y mettre beaucoup de choses, mais alors cela pèse. Plus vous porterez par mètre carré, plus vous aurez de mal à vous tirer d'affaire dans les atterrissages difficiles : *enfoncez-vous bien cette idée dans la tête.*

Le strict minimum est cependant :

Fil de bougies.

Bougies ;

Raccords de caoutchouc ;

Ressorts de soupapes ;

1 tige de soupape ;

Charbons ;

Clef anglaise ;

Tournevis ;

Pince universelle ;

Petits rouleaux de corde à piano ;

Passants coulants.

III. ACCESSOIRES DE ROUTE

1º PORTE-CARTES. — Il y en a déjà de toutes sortes de modèles et de principes. Il est très important d'avoir 20 cm de large au minimum. On a vite fait de sortir de la carte. Le moindre nuage ; la moindre distraction vous emmènent en 6' à 10 km ; il faut donc 20 km de chaque côté de sa route. Il vaut mieux encore 30 km.

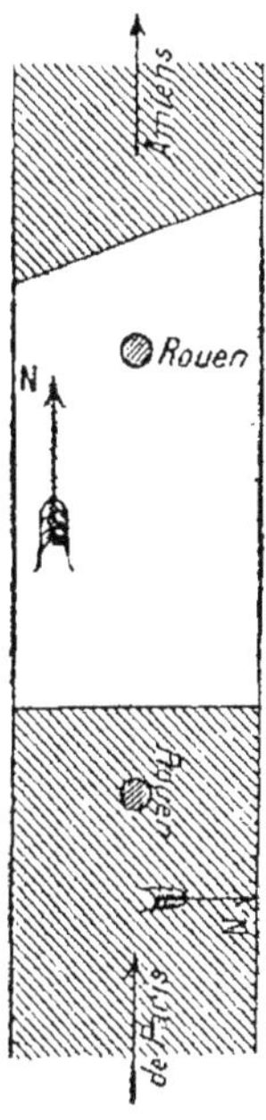

Fig. 30.

De plus, on peut, comme nous avons vu, avoir à contourner un orage, de la brume, etc...

Si le porte-carte a des rouleaux, on peut ainsi faire un voyage en longueur en ligne droite : Paris-Pau.

Si l'on doit évoluer dans une région de 100 km sur 100 km par exemple, il faut un dispositif permettant de constituer devant soi toujours au moins 40 km sur 40 km, plutôt 60 km sur 60 km.

Le porte-carte doit pouvoir tourner et être orienté.

2° CARTE. — La plus commode est la carte au 1 /200.000e.

Elle est claire, très visible, même avec les trépidations et les lunettes brouillées.

Des automobilistes ont fait d'excellentes cartes dites d'aviation. Ils ont obtenu ce résultat (toujours les théoriciens) : aucun aviateur ne s'en sert, ces cartes font la joie des automobilistes !

Par contre, ni l'Aéro-Club, ni l'Armée, n'ont réussi à nous donner à jour nos différents ports ou lieux de mouillage.

A vous donc de vous débrouiller pour vous renseigner.

Pour constituer un rouleau pour un voyage, on colle d'abord toutes les feuilles pour avoir son itinéraire en ligne droite.

On trace une ligne au crayon bien visible, du point de départ au point d'arrivée.

On en trace deux autres de chaque côté pour avoir la largeur du porte carte *moins* 1 *cm*.

Ensuite on coupe.

On trace un bon trait en travers tous les 10 km. Si on va par exemple de Paris à Rouen, puis de Rouen à Amiens: 1re partie du rouleau Paris-Rouen avec 10 km au moins après Rouen ; 2e partie, à la suite on colle avec 15 cm de blanc le reste de la carte Rouen-Amiens. Si on est riche, on achète 2 fois la feuille Rouen de façon à avoir 10 km avant Rouen, Rouen-Amiens ensuite. Si non, on reporte sur le papier blanc Rouen, la Seine, les chemins de fer, les routes. Et de toute façon on met une belle grande flèche pour indiquer la direction du nord, sur le papier blanc (fig. 30). On aura ainsi un rappel à l'ordre quand on aura un changement d'orientation.

3° BOUSSOLE. — M. Bordé a établi une boussole (compas) qui sur un appareil en bois (Blériot, Nieuport, etc...), est peu influencée par le métal du bord.

Bien retenir que cette boussole donne le nord magnétique. Il faut donc tenir compte de la déclinaison (variable chaque année), si l'on tient à savoir le Nord. La placer de façon à la voir le plus verticalement possible.

4º MONTRE. — Il faut une montre solide fixée à l'avion.

5º BAROMÈTRE. — M. Bordé a inventé un baromètre altométrique très commode. Il se met à 0 sans être sorti de sa gaine. C'est une condition essentielle, car autrement on ne le met pas à 0 au départ et l'on fait des erreurs.

IV. ACCESSOIRES DE L'AVIATEUR

1º LUNETTES. — Il faut s'abstenir de lunettes en verre à charpentes métalliques, volumineuses, etc...

Toujours vous représenter ce que deviendrait votre gracieux visage s'il les réduisait en bouillie sur la cabane, par exemple.

Soigner la substance transparente avec une attention scrupuleuse.

Avoir en vol, un mouchoir fin pour les essuyer. On peut l'imbiber d'alcool en le mettant dans une boîte en aluminium en contenant.

Pour la pluie, par exception, on peut employer les lunettes spéciales. Mais le mieux est de ne pas voler dans la pluie ; car c'est là qu'on a le plus de chances de cogner quelque chose et de se crever les yeux avec ces lunettes dangereuses. En course *ou en guerre, il faudra en passer cependant par là.*

Le mieux est le capot qui par sa forme fait passer la pluie au-dessus des yeux.

2º CEINTURE. — Si vous vous attachez, vous ne serez pas débarqué en vol ; si vous vous attachez avec une ceinture élastique, dans certaines bûches, cela amortira le choc et vous sauvera la vie (si vous avez du bois à casser devant vous, cela amortit le choc). Par contre, étant attaché, si vous avez un accident au départ, vous n'aurez peut-être pas le temps ni la présence d'esprit de vous détacher. Cela pourra vous faire rôtir ou aplatir. De même à l'atterrissage.

CONCLUSION. — Avoir un siège rappelant la selle de femme, avec 2 parties remplaçant la fourche, l'une à droite de la cuisse droite, l'autre à gauche de la cuisse gauche, afin de : 1º ne pas pouvoir glisser en avant; 2º ne pas pouvoir sauter en l'air, et avoir une barre fragile ou très bien rembourrée au-dessus de la cloche (Blériot XI)

Exemple. — Cette barre m'a tiré déjà d'affaire plusieurs fois. J'ai piqué dessus et m'y suis rattrapé. Je l'empoigne quand cela danse très fort.

On doit *pouvoir disparaître à temps dans le fuselage quand on capote.*

3º CASQUE. — Par exemple, il est ridicule de se tuer ou de s'estropier (la tête) pour le snobisme de se promener sans casque. Cela n'est pas si gênant. On peut en faire de peu volumineux et très protecteurs. Ici l'utilité est indiscutable.

4º VÊTEMENTS, CUIRASSE. — On peut confectionner des vêtements chauds, *souples*, ne gênant pas du tout les mouvements et renforçant la cage thoracique, les os des membres, pas du tout les articulations (autrement adieu la souplesse).

On peut, en même temps, les rendre flotteurs.

Tel sera l'accoutrement dans quelques années..... à moins que l'aviation ne soit devenu un sport de père de famille.

En attendant COUVREZ-VOUS ET NE PRENEZ PAS FROID ; AUTREMENT ADIEU LES RÉFLEXES EN 1/10 DE SECONDE. De pur-sang, vous deviendriez cheval de labour.

CHAPITRE VII

LE VOYAGE

Tout a été revu comme nous avons dit, le Gnôme a été démonté, revu, remonté, il a environ 1 heure de marche. En 1911, il eût donné 72 à 74 pulsations; en 1912, il en donne 74 à 76 (les hélices ont varié de modèle) au point fixe.

Accessoires de route. — Fonctionnent tous bien et sont groupés de façon à être bien à portée de main et de vue.

Avant le départ. — Vous allez vous absenter derrière les hangars. Vous vous équipez et faites le tour de l'avion : *l'œil du maître.* Vous montez et regardez la cabane et le dessus des ailes.

Vous essayez les diverses commandes.

Vous regardez le drapeau pour savoir d'où vient le vent (s'il n'y en a pas, vous jetez un papier chiffonné en l'air et prenez la direction de son point de chute). Vous faites orienter l'avion nez au vent (si ce vent en vaut la peine).

Le mécanicien met de l'essence, tourne à l'envers, vous dit : « mettez », vous répondez : « c'est mis » : le moteur part !

Vous écoutez ; tout va bien. Vous comptez 1 minute les pulsations : 74.

Vous rentrez votre chronomètre.

Départ. — Vous levez la main : parti !

Cela décolle superbement. Petit « au revoir » de la main : au revoir et merci !

Sitôt à hauteur, comme vous connaissez le terrain, vous prenez la bonne direction.

Orientation. — Vous suivez la ligne que vous avez tracée sur la carte.

Elle passe à 10 km d'ici sur un étang, vous prenez cet étang comme point de direction.

Pendant les 6' que vous mettez à faire ces 10 km, la boussole donne une direction dans les environs du nord. Ce n'est pas le nord, cela vous est égal. C'est une direction fixe tant que vous ne changerez pas la vôtre de plus de 45°. Vous mettez en regard un index (il y en a deux et de belles divisions, cela ne vous gêne pas et moi non plus).

Et vous prenez après l'étang, le bois, la ville, la route etc...

Vous prenez vos points de direction le plus loin possible.

De temps en temps, vous rectifiez l'index.

Au bout d'une demi-heure, il est bien placé ; vous êtes à 1.000 m. d'altitude.

Toutes les 6' vous constatez que le village (par exemple) du trait de la carte est bien en effet dépassé sur le terrain.

Je suppose au contraire qu'au bout de 100 km, vous constatiez toujours 12' au lieu de 6' pour faire 10 km. Vous en déduisez que vous marchez à 50 km à l'heure. Vous le voyez exactement en constatant que vous avez mis 2 h. à faire ces 100 km. Si, à ce moment, il vous faut perdre la terre de vue 1/4 d'heure, vous marchez l'aiguille de la boussole sur l'index. Si vous n'avez pas changé d'altitude, si le vent n'a pas varié de force, au bout du quart d'heure, retrouvant la vue de la terre, vous serez toujours au-dessus de la ligne tracée sur la carte, autrement dit sur votre chemin.

Vous saviez que vous marchiez à 50 km à l'heure; cela vous donne pour 1/4 d'heure 12 km. Vous constatez en effet que le terrain que vous survolez est bien sur la ligne 12 km plus loin que celui où vous aviez perdu la terre de vue.

Dérive. — On vole de travers quand on a le vent de côté, on dit alors que l'on dérive. Si l'angle que fait la direction de l'axe de l'avion avec le chemin parcouru (notre ligne au crayon) est de 45° on dit : « J'ai une *dérive* de 45° ».

Exemple. — Le 2 juin 1911, dans Paris-Pau, avant d'arriver à Croix-d'Hins (sud-ouest de Bordeaux), Ducour-

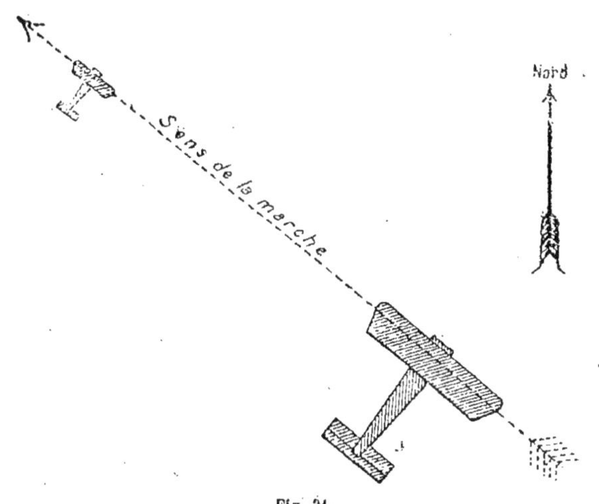

Fig. 31.

neau et moi, volions vers le nord-ouest. Les avions faisaient face au nord-est. Je suivais Ducourneau, car je n'avais pas la carte pour Croix-d'Hins. En effet, c'est cet ouragan qui nous avait fait opter pour Croix-d'Hins au lieu de Libourne (2 des trois autres eurent la panne d'essence pour avoir voulu lutter contre le vent et aller à Libourne).

De temps en temps, pour voir Ducourneau qui était dans la direction de mon aile gauche, je penchais à gauche pour le découvrir.

Cela faisait près de 90° de dérive (fig. 31).

PERDU. — Soit inattention, soit nuages, vous pouvez ignorer complètement au-dessus de quoi vous êtes.

Ne vous troublez pas.

Exemple. — Le 2 juin dans l'étape ci-dessus, je vous assure que le rectangle : Océan, Gironde, Garonne, Pyrénées était bien petit.

Naturellement j'ai perdu Ducourneau, mais je savais qu'il y avait le bassin d'Arcachon, ses voisins et la Gironde. Je savais aussi que Croix-d'Hins était une grande plaque jaune au sud-ouest de Bordeaux (Malherbe me l'avait dit).

Biscarros, Parentis et Arcachon m'ont guidé. La Gironde m'eût arrêté si j'avais dépassé Croix-d'Hins.

MÉTHODE. — Avec carte ou sans carte, gardez votre direction à la boussole. Allez au besoin jusqu'à un grand fleuve, suivez-le pour vous remettre dans le droit chemin.

Méfiez-vous des chemin de fer que l'on passe sans les voir.

Tandis qu'un fleuve comme la Seine a des boucles caractéristiques.

De même, une grande forêt, comme l'Argonne, vous tirera d'affaire.

PANNE DE MOTEUR. — A tout moment l'aviateur doit savoir *la direction du vent à terre* et où il irait atterrir *vent dans le nez*.

Cela peut être en arrière.

Pour éviter les surprises, n'ayez pas trop d'ambition et ne cherchez pas à aller à plus de :

3 fois votre hauteur

Soyez calmes. Vous êtes en vol plané. Vous enlevez vos lunettes, vous avez $36'' \times 3 = 108''$ mettons 2 minutes à vous. C'est très long 2 minutes, aussi dites-vous bien ceci qui est un résultat de la statistique : les plus idiots, les plus maladroits ont toujours été là où il fallait aller et comme il fallait y aller.

Aussi vous qui avez tous les atouts dans votre jeu, *vous ferez ce qu'il fallait faire.*

En sortant de votre avion, vous serez émerveillé de votre sang-froid, de votre lucidité et vous en ferez part à tous.

Alors seulement, vous serez un aviateur.

ATTERRISSAGE sur un terrain connu. — Dès que vous voyez qu'il va disparaître sous vos ailes, vous ne le perdez pas de vue et pointez droit dessus. Vous fermez l'air vous réduisez l'essence, le moteur ne vibre plus. La cloche est à l'ordonnance, pousse 1 kg. dans la main.

Quand vous êtes à la hauteur des arbres ou hangars (en hauteur), vous redressez progressivement, à 5 à 6 m. du sol, vous coupez et vous attendez sans bouger la cloche d'avant en arrière.

Comme l'avion a une queue légèrement portante, vous cabrez, vous portez du patin arrière, CELA GLISSE 10 M. AU PLUS ET VOUS ÊTES ARRÊTÉ (1).

Si cela avait tendance à se mettre sur l'aile gauche, il faudrait corriger par un très grand mouvement de cloche dans le demi à droite en avant.

Bien se rappeler qu'à cette faible vitesse, il faut des grandes actions de cloche.

ATTERRISSAGE SUR UN TERRAIN INCONNU. — Toujours faire une reconnaissance du terrain en vol avant d'atterrir.

Dans les deux cas, sitôt à terre, vous remettez. Comme l'air est fermé, l'essence réduite, le Gnôme vous permet alors de rouler comme un brave Anzani d'école 3 cylindres.

---

(1) Si la queue n'est pas portante, l'avion ne cabre pas ou peu.

Comme vous être prudent, *vous avez atterri loin des hangars.*

Si même vous l'êtes encore plus vous ne roulerez pas ; aussi votre voyage ne sera-t-il pas arrêté par une casse en roulant.

Atterrissage par suite de panne dans un petit terrain entouré d'arbres. — Si vous êtes dans un pays comme Pau, le Bocage, le Poitou, il faudra vous décider pour le mouchoir de poche entouré d'arbres.

1er *avion, bon planeur.* — Vous pourrez planer loin c'est vrai, mais comme il n'y a rien de bien, il vous faudra bien atterrir dans un mouchoir de poche.

Admettons, pour vous aider que le calme est plat. Vous ne pouvez pas piquer, alors vous descendrez en « tire-bouchon ? » Pardon, vous n'avez pas la place ! Alors vous vous emboutirez dans les arbres.

2e *avion*, à 22 kgs par mètre carré, à résistance à l'avancement (Blériot XI).

Il ne va pas loin, comparé au précédent, par contre, il descend à faible vitesse, rase la cime des arbres, pique, *redresse, cabre* et *se plaque* sans rouler même par les remous, même par la tempête.

Exemple. — De Rose s'est posé dans une cour de ferme. De Malherbe dans une clairière de 100 m. de long. Tous les vieux Blériot ont chacun leur dizaine de semblables atterrissages.

Soins a l'avion. — *Moteur.* — Tâter les cylindres pour voir s'ils ont chauffé. Une fois *tièdes,* les pétroler à raison d'une seringue par cylindre.

Nettoyer et brosser au pétrole les cylindres et les soupapes d'échappement.

Nettoyer le distributeur et le charbon.

Démonter les bougies, les nettoyer, les remplacer.

Une fois tout cela fait, le moteur froid, mettre en marche compter les pulsations, 1 minute. Si tout va bien, attendre que les cylindres soient tièdes, pétroler.

Avion. — Enlever l'huile des bois et au besoin revernir. Vérifier tout. Régler au besoin. Faire le plein d'huile et d'essence.

Alors seulement on peut s'en aller du hangar.

Il me reste à m'excuser d'avoir tenu le lecteur si longtemps.

Je n'ai qu'un but, celui exposé au début de : En plein ciel, Cet ouvrage paraîtra tous les ans, car heureusement l'aviation marche à 100 à l'heure. D'une part, il faut être à jour et d'autre part, mes idées n'ont aucun intérêt tandis que « *Nos idées en ont un grand* ».

Pour nous permettre de donner vraiment d'utile conseils, même aux brevetés militaires, il nous faut la collaboration de tous.

Les exemples préc s avec noms à l'appui donnent aux assertions les plus risquées une autre autorité que les à peu près prêtés à X ou à Y.

Les pilotes les plus autorisés sont naturellement ceux qui en ont vu de dures comme ceux cités plus haut, parmi les militaires, et comme les héros des courses civiles. A eux, j'adresse cette requête pour le bien de l'aviation, pour le bien de la Nation.

TABLE DES MATIÈRES

Auxerre. — Imp. de " La Bourgogne "

E. TARIS & BERTHIER

LES MOTEURS

D'AVIATION

Préface de M. Aimé WITZ

Table des matières.

Préface. — Introduction. — Les Précurseurs. — Les moteurs à vapeur. — Principe du moteur à explosion. — Le cycle à quatre temps. — Le cycle à deux temps. — Organisation générale des moteurs à explosion. — Le rendement des moteurs à explosion. — Généralités. — Les cycles des moteurs à explosion. — Les pertes d'énergie. — Les moteurs rapides. — Les moteurs légers. — Les moteurs à deux temps. — Les moteurs en V. — Les moteurs rayonnants. — Les moteurs alterno-rotatifs. — Le couple moteur dans les moteurs légers.

DESCRIPTION DES PRINCIPAUX MOTEURS D'AVIATION

Adams, Antoinette, Anzani, Argus, Aviatic, Aster, Auriol, Beck, Berthaud, Breton, Broc, Bucherer, Bulot, Burlat, Buzio, Canda, Chenu, Clément-Bayard, Clerget, Coudéré, Daimler, Dansette et Uttel, Darracq, De Dion, Dufaux, Ellbridge, Ellehammer, E. N. V, Eole, Escher, Esnault-Pelterie, Farcot, Piat, Filtz et Adeling, Gnôme, Gobron-Brillié, Green, Grégoire-Gyp, Hutti, Isotta, Itala, Ixion, Korting, Labor, Levrator, Legros, Lemale, Lemasson, Ligez, Mercédès, Miller, Mors, N. A. G. Œrlikon, Palous et Beuse, Panhard, Pipe, Purnat, Prini, Renard, Renault, Rossel, Rumpler, Siddeley, Unic-Canton, Verdet, Viale, Weisz, Wright, *Appendice*, Turbines à gaz.

Un volume de 320 pages

Nouvelle édition mise à jour. 10 »

Ing. BORDÉ
Fournisseur du Ministère de la Guerre
Toutes nouveautés : OPTIQUE et SCIENCES
99, Boulevard Haussmann, PARIS

9 782019 962388